좌충우돌 부동산 중개업 입문서

신영옥 지음

휴앤스토리

프롤로그

중개업을 시작한 지 이제 3년째 접어들고 있다.(2017년 12월 11일 오픈)

며칠 전 뉴스를 보다 올해도 많은 공인 중개사가 배출됐다는 것을 보았다. 부푼 꿈을 안고 자격증을 받아들었을 합격자 중에 나처럼 바로 개업하는 분들도 있을 텐데….

3년 전 자격증 취득 후 따끈한 자격증을 걸고 2년간 좌충우돌하던 나의 모습이 주마등처럼 스쳐 지나갔다. 나름 고심하여 신중하게 결정해서 달았던 간판도 마음에 들지 않았고, 사무실 유리창에 붙였던 것들은 다시 뜯어내고 붙이고를 반복했다. 별생각 없이 배열한 책상과 테이블이 불편해 이리저리 수없이 옮기기도 했던 지난날의 모습들…. 계약서를 작성하기 위해 컴퓨터 바탕화면에 깔아 놓아야 하는 수많은 사이트부터 모든 게 생소하고, 알아야 할 것이 너무 많았다.

여기저기 아는 인맥을 총동원해 물어보기도 하고, 전화상으로 이해가 안 될 때면 직접 찾아가 눈으로 보고 오기도 했다. 지금도 기억하는 것은 첫 계약서를 쓰던 날, 얼굴이 얼마나 벌게졌는지 의뢰인에게 민망해서 혼났다. 열 식히려고 찬물을 벌컥벌컥 마셔대고 의뢰인이 간 후 작성한 계약서를 들고 주변의 부동산 사무실로 달려가 나 잘한 거 맞느냐고 검토 좀 해보라고 부탁하기도 했었는데….

자격증 취득 전 10개월의 실장 경험이 있어 겁 없이 오픈했는데, 실장과 대표의 자리는 전혀 다른 것이었다. 그래도 실장 때 알고 지냈던 대표들의 도움으로 지금까지 큰 사고 없이 잘 지내온 것 같다. 정말 많은 도움이 되었고 큰 힘이 되었다. 이 글을 통해 다시 한 번 감사의 인사를 드리고 싶다.

계약서 작성할 때마다 불안함에 참 많이 물어보기도 했다. 등짝이 오싹하고 심장이 멎을 것만 같은 순간이 내게는 너무 많았다. 지금도 계약서를 작성하려고 하면 긴장이 되고, 마무리하고 나서도 부족했던 부분이 없었는지 다시 한 번 확인해 보곤 한다. 남들 보기에는 집 몇 번 보여주고 적게는 몇십만 원, 많게는 몇백만 원, 더러는 몇천만 원씩 아주 쉽게 돈을 버는 듯해 보이지만 이 일도 그만큼의 수고와 대가로 얻어지는 것이다.

일의 스트레스로 인해 며칠씩 잠을 못 자고 설치는 경우도 종종 있었다. 나의 친한 개공(개업 공인 중개사) 친구는 원형탈모까지 올 정도로 스트레스에 시달렸었다. 그럴 때면 계약서를 작성하기 전으로 돌아가고 싶다는 생각이 얼마나 간절한지, 작성하지 않았다면 그런 일도 없었을 테니 말이다.

사람이 없는 무인도로 가서 살고 싶다는 생각이 들기도 했지만 그렇다고 미리 겁먹을 것은 없다. 매매든 전세든 월세든 현장 가서 꼼꼼히 살피고 하나하나 체크하면서 쌍방 의뢰인들의 요구 사항을 듣고 정리하고 중개하면 된다.

합의점은 다 있다. 서로 합의가 안 되면 계약서 작성 안 하면 되는 것이고, 합의됐다면 합의된 사항들을 특약 사항에 꼼꼼히 기재하면 된다. 그러면 의뢰인들에게 시달릴 일 없이 즐겁고 재미있게 이 일을 할 수 있다.

이 책의 내용은 선배님들이 보면 우스울 수도 있는 것들이지만 초보 개업 공인 중개사들에게는 정말 절실히 필요한 내용이라고 생각한다. 아직도 너무 많이 미숙하다는 것을 안다. 이제 겨우 걸음마를 뗀 수준 이라는 것도 안다. 그래서 초보 개공으로 부끄러웠던 일들, 나의 미숙 한 모습들을 이야기하려는 것이다.

후배 개공들도 앞으로 많은 경험을 하겠지만 최소한 내가 한 실수만 큼은 하지 않기를 바라고. 전문 부동산 공인 중개사로 멋지게 성장해 나가는데 길라잡이의 역할이 될 수 있기를 바라는 마음이다.

내가 처음으로 중개 일을 시작하며 배운 곳은 아파트 단지였다. 부동 산 사무실 앞으로 2천500여 세대, 5개의 건설사가 건설한 아파트 단지 근처 앞쪽에 있어 아파트 매매, 전세를 주로 하는 곳이었다.

아파트는 건설사마다 구조가 조금씩 다르고 아파트마다 여러 타입이 있지만, 그 구조를 익히는 시간은 오래 걸리지 않아 크게 힘들지 않게 일할 수 있었다(그때는 중개업을 쉽게 생각했다). 아파트는 매수 의뢰인이 매 수 의사를 밝히면 이사 날짜 맞추고 가격 조절만 조금 하면 되었기 때 문이다.

그런데 자격증 취득 후 공인 중개사 사무실을 오픈한 곳은 교통이 좋 은 곳으로, 대로변 상가 뒤쪽으로는 30년 넘은 2층짜리 단독 주택과 다가구 주택, 상가주택, 상가들이 골고루 섞여 있는 곳이다. 그중에서 위치가 좋은 곳의 단독주택은 건축업자들이 토지를 매입해 다가구 주 택이나 다중 주택을 건축해 매매하는 곳으로, 건축업자들은 건축한 건 물의 매매, 임대(공실이 없어야 매매하기 좋다.) 또는 건축할 부지 매입 의뢰차 자주 방문하고, 주변의 다가구 주택, 상가 주택, 다중 주택의 소유자들은 원·투룸 임대 또는 주택 매매 문의나 의뢰로 자주 방문하는, 큰 길 한 블록 안쪽 주택가에 자리 잡은 곳이다. 그러다 보니 여기서는 다가구 주택의 원룸, 투룸 전세, 월세와 상가 임대, 다가구 주택, 단독 주택, 다중 주택, 상가 주택 매매 등 다양하게 하고 있다.

처음엔 아파트 시장과 너무 달라 딴 세상에 온 것 같았지만, 열심히 뛰어다니며 최선을 다해 일했고, 지금도 역시 마찬가지다. 기존에 하던 중개 사무실을 인수한 것이 아니어서 주변 다가구 주택 임대인들의 연락처를 알기 위해 골목골목을 다니며 '임대 문의'라고 붙여놓은 임대인들의 연락처를 메모했고, 사무실 들어와서는 메모해온 임대인들의 번호로 꾸준히 연락을 했다. 전단지를 만들어 골목골목 집집마다 붙이고 다녔고, 그렇게 다니다 동네 어르신을 만나면 먼저 다가가 인사를 건네며 근처에 매물이 있는지 물었다. 청소하러 나온 분들 있으면 명함을 드리며 얼마 전 근처에 오픈한 'ㅇㅇㅇ 부동산'이라고 소개하면서 자연스럽게 차 한잔 하러 오시라고 했다. 그때는 많이 간절하고 절실했다 (지금도 그렇긴 하다).

내가 공인 중개사 자격증을 취득함과 동시에 남편이 퇴직하게 되어 갑자기 가장이 되기도 했다. 30년간 정말 성실하게 가정을 위해 책임을 다한 남편에게 더 이상 일을 하라고 하고 싶지 않아 그 당시 나의 선택은 무조건 앞으로 전진만 할 수밖에 없었다. 이렇게 말하니 대단히 비장하여 마치 큰돈을 벌기라도 하는 것처럼 느껴지겠지만 절대 그런 것은 아니다. 그냥 최선을 다해 열심히 일했다는 것을 말하려는 것이다.

처음엔 보증금 100만 원에 월세 25만 원의 작은 월세 계약부터 하나씩 해 나갔다. 하나하나의 계약을 해 가며 많은 경우의 일들을 경험했고 지금도 마찬가지다.

힘들었던 시간도 많았지만 그 시간이 지금의 나를 있게 한 것을 안다. 그 힘든 시간을 잘 견디며 지금까지 잘 버티고 있는 내가 대견스럽기도 하다. 누가 들으면 중개업을 엄청 별스럽게도 하는구나 싶겠지만 그렇게 시행착오가 많았던 것은 내가 많이 부족해서다(머리도 좋지 않고, 기억력도 없고, 마음도 약하고, 안면 인식 장애도 있는 것도 같다).

2년이란 시간 동안 나름 조금은 무뎌진 부분도 있지만 앞으로 더 많이 배우고 공부하고 노력하고 경험해야 한다는 것을 안다.

그래도 나름 이것저것 다양한 일을 경험하다 보니 이제 앞으로 갈 방향이 정해졌다. 단독, 다가구 주택 매매와 원·투룸 임대, 상가 임대 쪽이다. 이 지역의 특성상 어쩔 수 없기도 하고 자주 접하다 보니 이제 조금 자신감도 생겼다.

부동산 중개업 시장의 분야는 정말 매우 다양하다. 개업을 어느 시장에서 하느냐에 따라 거기서 자리를 잡아 그 방면의 전문가가 되어 가는데, 그렇기 때문에 충분히 생각해보고 어느 시장으로 가서 일할지 선택하는 것이 좋겠다. 나도 지금은 땅이나 공장, 창고 분야는 잘 모른다. 그래서 물건이 접수되면 땅만 전문으로 하는 선배 개공에게 문의를 한다.

예를 들어 지번을 알려주고 이 토지를 평당 100만 원에 매도 의뢰하는데 이 지역에서 이 금액에 매매가 가능한지 물어보고 괜찮다고 하면 손님 소개를 부탁한다. 그리고 나에게 토지 매입 의뢰가 들어오면 이 역시도 땅만 전문으로 하는 개공에게 문의해 함께 진행한다.

중개업에는 여러 분야가 있기 때문에 모든 분야를 안다는 것은 한계가 있다. 내 분야가 아닌 것은 그 분야의 개공들에게 맡겨야 중개 실수도 막을 수 있다. 처음 개업하면 혼자서 하려고 하지 말고 가능하면 공동 중개를 하며 배운다는 생각으로 이 일에 임했으면 좋겠다.

상대방 대표에게 가는 중개 보수를 아깝다고 생각하지 말고 수업료를 지불하는 것이라고 생각하자. 상대방 선배 개공이 고객을 어떻게 응대하는지, 계약 진행은 어떻게 하는지 옆에서 지켜보면 많은 도움이 된다. 여러 대표가 하는 방법들을 지켜보다 보면 '아~ 저 방법이 좋겠구나!' 하며 자기만의 스타일이 완성되어 간다.

개업하면 주변 부동산 사무실에 명함 들고 찾아가 인사도 하고 식사 대접도 하며 친분을 쌓고 함께 일할 수 있는 동역자를 많이 만들기 바란다.

_신영옥

차례

CHAPTER 01

중개소
위치 선정

기존 사업장 인수받을 때 확인 사항

처음 오픈하는 경우, 기존 사업장을 인수하는 경우가 대부분이다. 그것도 좋은 방법이다. 기존 사업장을 인수하면 주변에 이미 알려져 있고 자주 들르는 분들도 있어 그들과 잘 교류하면 그 지역의 상황도 빨리 파악할 수 있어 많은 도움이 된다.

그래도 몇 가지 확인은 해보자. 그동안 계약은 어느 정도 이루어졌는지, 그 주변에서 주로 거래되는 물건은 어떤 종류의 것들인지, 기존에 접수하여 놓은 물건은 얼마나 되는지, 그 주변 부동산 소유자들의 연락처는 얼마나 확보하고 있는지, 있다면 그 부분까지도 인수해 주는 것인지 확인하고 그것까지 인수받아야 한다. 그리고 본인의 성향과 맞을지도 고려해 보는 것이 좋다. 물론 개인의 능력 차이는 있겠지만 계약이 너무 없으면 좋은 자리라고 할 수 없다. 그래도 이 부분을 확인한다면 권리금 조절하는 데 조금이라도 도움이 될 것이다.

간혹 좋지 않은 자리임에도 이제 막 자격증 취득해서 나온 후배들에게 권리금을 듬뿍 받고 넘기는가 하면, 내가 도와주겠다느니 하며 넘기거나 잘 나가지 않아 비어 있는 상가에 밀어 넣는 선배 개업 공인 중개사(이하 개공)들도 간간이 있으니 객관적으로 판단하고 그런 감언이설에 넘어가지 않기를 바란다. 오픈하는 순간 모두가 경쟁자라고 생각하면 된다.

위치 좋은 곳에 있는 부동산 사무실이 나왔다면 확인해 봐야 할 것이 있다. 지금 협회에서도 이런 행태를 근절하려고 신고도 받고 있지만 쉽게 근절되지 않고 있다. 무슨 말인고 하니 인근에 오래된 개공들 여러 명이 회원제로 모임을 하면서 그 지역의 신입 개공들은 모임에 입회시켜주지 않고 어떤 정보도 공유하지 않으며 배척하는 것이다. 초보 개공들에게는 주변 개공들과의 인적 네트워크가 상당히 중요한데 이런 사실을 모르고 그런 곳에 오픈한다면 신참인 초보 개공에게는 치명적일 수밖에 없다. 경험도 없지, 함께 소통할 주변 개공도 없지, 결국 좌절하여 포기하고 나올 수밖에 없다. 그래서 좋은 자리임에도 계약이 별로 없고, 사무실 인수한 지가 얼마 안 되었는데 또다시 내놓았다면 왜 그런지 알아보아야 한다.

개인 성향에 따른 중개업 분야 선택

본인의 성향을 깊이 생각해 보고 결정하는 것이 무엇보다 중요하다.

부동산 중개 시장은 아파트 단지, 상가 밀집 지역, 단독 주택, 다가구 주택 지역, 오피스텔, 토지, 공장, 창고 등의 여러 분야가 있기 때문이다.

간단하게 분야별로 알아보자.

(1) 아파트 단지

부동산 중개업 중 이 분야가 가장 쉽고도 편하다고 할 수 있다. 그러다 보니 여성 중개사들이 많이 선호한다. 유의할 사항이라면 처음 입주하는 아파트가 아니고 입주한 지 10년 이상 된 아파트 단지에는 입주할 때부터 입점하여 중개업을 하고 있는 터줏대감들이 있다. 상당수가 그 아파트에 거주하며 중개업을 하고 있다는 것은 알고 오픈하자. 처음 오픈하면 어느 곳을 가든 예외일 수는 없으니 너무 겁먹지는 말고 더 열심히 일하면 된다.

매물을 많이 확보하려면 당분간 열심히 움직이자. 접수된 물건이 있으면 집 상태를 봐야 하니 방문해 보겠다고 하고 꼭 방문해야 한다. 확장된 부분 리모델링은 어디까지 됐는지 꼼꼼히 살펴보며 누수 자국이나 곰팡이 난 곳이 있으면 체크도 하고, 문짝, 바닥 등 파손된 부분, 훼손된 정도가 어느 정도인지, 리모델링은 하고 들어가야 하는지 살펴보자.

같은 평수라도 여러 타입이 있으면 구조를 다 인지해 두어야 의뢰인이 오면 바로바로 응대할 수 있다. 하자 부분이 눈에 보이면 왜 그런 것인지 그 자리에서 바로 물어보고 메모해 놓자.

아파트의 경우 남자 개공이 자리 잡는 것이 상대적으로 쉽지 않다. 의뢰인들도 대부분이 여성이고 집 보러 가면 대부분 주부만 있기 때문에 남자 중개사들이 여자 의뢰인과 함께 동행하는 것은 서로 불편하기 때문이다. 남자 중개사들은 상가 임대, 상가 건물, 주택, 다가구 주택, 토지의 매매, 공장, 창고의 임대 쪽에서 일을 많이 한다.

어느 정도 경력이 쌓이면 여자 실장들을 직원(실장)으로 고용하여 실장들은 아파트나 임대 분야에서 일하게 하고 본인은 상가, 상가 건물, 주택, 토지 분야에서 일하면 좋다. 실무 경험 없이 경력 있는 실장을 두고 일하는 경우 실장들에게 많이 끌려다니게 된다. 실무 경험 없이 직원을 두고 일할 계획이라면 선배 개공들에게 충분한 조언을 들은 후 하기를 권한다.

(2) 단독 주택 단지

매매가 잘 이루어지지 않는 곳이 단독 주택가다. 그곳 주변에 가면 부동산 사무실 찾기가 매우 어렵다. 안 좋은 곳이라는 거다. 물론 대도시의 재개발 가능성 있는 곳은 예외다.

(3) 다가구 주택. 오피스텔. 상업 지역이 섞여 있는 지역

교통이 좋은 곳, 시내버스 승하차장, 지하철역 등의 역세권 지방인 경우는 시내버스 정류장, 회사 버스 승하차장 또는 주변에 산업 단지가 있는 곳으로 대부분 젊은 직장인들의 수요가 많은 곳이다. 임대, 매매가 동시에 이루어지고 상가도 할 수 있는 곳으로 가장 활발한 시장이다. 그만큼 경쟁도 치열하고 부동산 사무실도 밀집되어 있다. 여기는 전쟁터 같은 곳이다.

(4) 산업 단지 주변 다가구 주택 밀집 지역

동네 상권이 약간 있으면서 정말 다가구들만 늘어서 있는 곳인데 이쪽에서는 전월세 임대를 주로 한다고 생각하면 된다. 다가구가 많다는 것은 임대 수요가 나름 많다는 것인데, 월세 임대는 계약 기간이 대부분 1년이어서 임차인들의 이동이 빈번해 계약서 쓰는 재미는 있다고 한다. 그리고 월세 임대 시장은 계약서 쓰고 나면 크게 할 일이 없어 이곳을 선호하는 개공들도 있다. 크게 스트레스받지 않고 할 만하다고 한다. 가끔 다가구 주택 매매도 한다.

상업 지역, 상가 밀집 지역

상권이 형성되어 있는 곳으로 임대를 하더라도 보증금과 월세 금액이 크다 보니 중개 보수도 높아 이 분야에서 잘하면 아주 재미있다고 한다. 가끔 덩어리 큰 상가 건물도 하나씩 매매하는데, 이곳 역시 경쟁이 치열하다. 고수들이 곳곳에 포진해 있다. 이쪽에는 남성 개공들이 많이 포진하고 있다. 규모가 크다 보니 중개하는데 챙겨야 할 것도 많고 이 분야의 전문 지식도 필요하고 알아야 할 것도 많다. 돈 좀 있는 큰손들이 움직이는 곳으로 개공 또한 배포 있고 강하게 밀어붙일 수 있어야 한다. 처음에 이런 곳에 오픈하면 손님이 와서 매수한다고 해도 감당하기 힘들 것이다.

분양권 매매

분양받은 아파트에 입주하기 전에 프리미엄(P, '피'라 하자)을 붙여 전매하는 것이다. 모델 하우스를 오픈하면 모델 하우스를 방문한 손님들에게 분양받으면 피 붙여 팔아 주겠다며 명함을 나누어 준다. 사전 점검하는 날도 아파트 입구에 가서 명함 돌리며 매매 의사를 묻고 관심 보이는 고객들의 연락처를 받아 놓는다. 여기는 이때가 전쟁터다. 혼자서는 많은 고객의 연락처를 입수하기 어려우므로 아르바이트생들을 고용하거나 가족들을 총동원하기도 한다. 연락처 알아내는 일만 전문적으로 하는 사람들도 있어 그들이 수집한 연락처를 분양권을 취급하는 개공들이 사기도 한다.

접수된 물건은 광고에 올리고 매수 의뢰인에게 연락이 오면 모델 하우스를 보여주고 매매하는 것이다. 분양권 매매는 입주 전에 명의 변경만 해주면 되기 때문에 편하다고 한다. 일반 물건들은 하자 부분, 이사 날짜 맞추는 것 등 소소한 일들이 많기 때문이다. 여기도 주로 여성 개공들의 밭이다.

토지

토지는 주로 지방에서 많이 하는데 퇴직하고 공기 좋은 지방으로 내려오려는 고객들의 문의가 끊이지 않는다. 그리고 우리나라는 국토가 작다 보니 돈을 땅에 묻으면 언젠가 땅값이 오를 수밖에 없다는 생각을 하기 때문에 투자용으로도 꾸준한 문의가 있다. 사무실 위치와 본인의 성향을 고려해 앞으로의 방향을 정하는데 조금이라도 참고가 되었으면 좋겠다.

한마디로 말하자면 부동산 사무실이 밀집되어 있는 곳은 매매 임대가 잘 되는 곳이고 그만큼 경쟁도 치열한 곳이라고 생각하면 된다. 급하게 서두르지 말고 차분히 생각해 보고 어느 분야로 갈 것인지 결정하자.

물론 내가 이 책을 쓰기는 하지만 나는 실무 경험을 꼭 해보라고 권하고 싶다. 상업 지역, 아파트 단지, 다가구 주택가에서도 일해 보고 많은 경험을 쌓은 후 개업을 하는 것이 일을 즐겁게 오래 할 수 있는 길이다.

실무 경험을 한 후 오픈하면 직원들의 생각, 입장, 고충도 알게 되어 나중에 직원을 고용할 때 어떻게, 어떤 조건, 어떤 방법으로 고용하고 그들과 관계 유지는 어떻게 해야 하는지, 사무실 운영은 어떻게 해야 하는지에 대해 알 것이다.

어느 개공은 본인의 일보다 직원들 때문에 더 많이 힘들었다고 한다.

직원들은 무조건 계약만 하려고 해서 뒷일은 본인이 감당해야 했고, 운영하는 대표의 고충은 생각하지 않고 본인들 이익과 입장만 앞세우고, 여러 명의 직원을 고용한 경우에는 물건이나 고객을 서로 차지하기 위해 직원들끼리의 갈등이나 다툼도 많았다는 것이다.

직원들은 일하다 조금만 서운하다 싶으면 쉽게 떠난다. 이 때문에 이직률이 아주 높다. 그래서 대표가 중심을 잡고 본인 주관대로 운영하는 것이 중요하다. 그래서도 경험이 필요한 것 같다.

젊은 사회 초년생도 처음 어느 곳에 발을 들여 놓느냐에 따라 그가 평생 해야 할 일이 정해지는 것처럼 이곳 역시 마찬가지인 것 같다.

CHAPTER 02

사무실

어떤 상호가 중개업에 유리할까

상호는 부르기 쉽고 기억하기 좋은 간단한 것이 좋고, 그 지역의 명칭을 붙이는 것이 좋다. 요즘은 대부분의 사람들이 인터넷 검색을 통해 물건을 찾기 때문에 내가 오픈하는 그 지역의 물건을, 의뢰인들이라면 어떻게 검색을 할까 생각해보아야 한다.

예를 들어 아파트 단지 앞에 가보면 그 아파트 이름을 붙인 상호가 대부분이다. 동일 구역 내에 동일한 상호를 사용할 수 없으니 '청주 푸르지오', '뉴 푸르지오', '내가 찾는 푸르지오', '왕대박 푸르지오' 등 비슷하면서도 다양한 이름이 있는데, 다 이유가 있다. 앞에 어떤 문구가 고객의 마음을 더 사로잡을 수 있는지 고민해 볼 일이다.

인터넷 검색을 하고 사무실을 방문한 고객도 내가 보여준 물건이 맘에 들지 않거나 더 많은 물건을 보고 싶다면 내 사무실을 나가 옆 사무실로 갈 것이다. 직접 방문하는 고객들의 대부분도 일단은 주차 후 도보로 가장 가까운 사무실로 들어가겠지만 사람 심리가 그 많은 부동산 사무실을 딱 한 곳만 방문해서 상담하고 결정하고 나오지는 않는다. 우리가 옷을 사기 위해 백화점에 갔을 때도 처음 들어간 가게에 맘에 드는 옷이 있다고 바로 결정하지 않고 나오는 것과 같다. 다른 곳에 더 맘에 드는 옷이 있을지 모른다는 생각에 다른 상가로 이동하는 것이다. 더욱이 어떻게 보면 평생 살지도 모르는 집을 그것도 '억억' 하는 전 재산이나 다름없는 금액을 쏟아 부어야 하는데 처음 들어간 집에서 바로 결정하고 나올 확률은 극히 드물다. 들어갔던 사무실을 나오는 순간 고객들은 그 많은 가게를 일일이 다 들어가 볼 수는 없으므로 어디로 들어가 보아야 하는지 상호를 둘러본 뒤 그중 마음에 와 닿는 사무실로 발걸음을 옮기는 것이다.

검색한 지역에 여러 개의 부동산 사무실이 있다면 상호를 보고 문의 전화를 하게 되는데 이때 어떤 상호를 선택해서 전화할까 고객의 입장에서 생각해 보자.

편안한 느낌, 신뢰가 가는, 흔하고 익숙한 단어, 또는 그곳을 전적으로 담당하고 있는 듯한 전문가다운, 왠지 물건이 많을 것 같은 등의 여러 부분을 고려해 보고 많은 사람이 선호할 만한 좋은 상호를 걸기 바란다.

간판 하는 방법

상호를 결정했다면 간판을 달아야 하는데 간판은 세련되게 하되 컬러는 조금 촌스럽다 싶은 게 좋은 것 같다. 고상한 것보다는 멀리서도 눈에 확 띄는 밝은색의 톤이 좋다. 개인적으로는 밝은 핑크색을 좋아한다. 멀리서도 눈에 가장 잘 띄기 때문이다.

나도 간판 할 때 인터넷에서 부동산 간판 검색도 해보고 동네 돌면서 다른 사무실은 어떻게 꾸며 놨는지 기웃거려도 보고 나름 신중하게 생각하고 선택했는데, 그래도 마음에 들지 않아 조금 수정했다. 세심히 신경 쓴다고 해도 실제 사용해 보면 좀 다르긴 하다.

사무실은 내부에서는 외부가, 외부에서는 내부가 어느 정도 보이는 것이 좋다. 내부에서 외부가 전혀 보이지 않으면 답답하고, 외부에서도 내부가 전혀 보이지 않는다면 사람이 없는 줄 알고 고객들이 그냥 지나치기도 한다.

출입문

출입문은 이중으로 하는 게 좋다. 하나는 밖으로 열어 놓아야 고객들이 '오픈을 했구나', '안에 누가 있구나' 하는 생각을 한다. 이건 부동산 사무실만의 문화인 듯하다. 나도 처음에는 '그렇기야 하겠어?'라는 생각으로 하나만 설치했었는데 고객들의 말을 듣고 생각이 바뀌었다. 지난번에도 지나가다 문이 닫혀 있어 그냥 갔다고 하는 말을 여러 번 듣고 결국 밖에 문을 하나 더 설치했다. 기분 탓인지 그 후 손님이 더 많이 들어오는 것 같기도 하다.

유리면 꾸미기

부동산 사무실의 유리면은 또 다른 하나의 영업장소가 된다. 접수된 물건들을 A4 용지에 인쇄해 붙여 놓으면 의외로 효과가 좋다. 그걸 보고 들어오는 손님들이 예상외로 많다. 많이 붙여 놓는 것도 중요하다. 많이 붙어 있으면 여긴 물건이 많구나 하고 들어오기 때문이다. 어떤 사무실은 광고 용지가 변색될 때까지 두기도 하는데, 나는 월초에 옷을 갈아 입힌다는 생각으로 새로 출력해서 붙여 놓는다. 산뜻한 마음으로 또 한 달 열심히 파이팅하는 기분이 들어 좋고, 사무실이 항상 깔끔하고 정돈된 느낌이다. 그러니 유리 면에 시트지 작업할 때 광고지 붙여

놓을 자리를 많이 확보해 두자. 아래쪽에 땅, 매매, 임대 문의 등의 문구를 너무 위쪽까지 하지 말자. 나도 설치 이후 칼로 많이 잘라냈다.

조명

사무실 내부의 조명은 밝게 하자. 그래야 외부에서도 안으로 들어가고 싶은 마음이 생긴다. 좀 어둡다 싶으면 처음부터 등을 몇 개 더 달자. 침침한 건 좋지 않다.

사무실 세팅하기

사무실도 크기에 따라 어쩔 수 없는 경우도 있겠지만 공간의 여유가 있다면 계약서 작성하는 테이블과 손님 오면 상담하거나 차 한잔 하는 테이블을 따로 두자. 그러면 계약서 작성 중에 들어오는 손님이 대기하기도 좋고 계약서 작성하러 여러 사람이 방문해도 앉을 자리가 많아야 덜 복잡하다.

계약서 쓰는 테이블은 개공 책상과 가까이에 두고 꼭 당부할 것은 개공 컴퓨터와 연결되는 모니터(TV)를 계약서 쓰는 테이블 위에 설치하기를 권한다. 계약서 작성할 때 아주 좋다.

중개사가 본인 테이블에 앉아 계약서 작성을 하면 당사자들은 테이블에 앉아 중개사가 작성하는 계약서를 화면을 통해 보며 계약서 작성을 함께하는 것이다. 이렇게 진행하면 오타도 바로 확인 수정할 수 있고, 당사자들과 자연스럽게 대화를 나눠가며 특약 사항 기재도 할 수 있어 좋다. 또한 매도인 매수인(임대인, 임차인)이 다른 대화를 나눌 시간이 없어져 진행도 빨리 된다. 중개사가 계약서 작성하고 있을 때 당사자들끼리 이런저런 대화를 나누다가 예상하지 못한 부분들이 튀어나와 계약이 무산되거나 의견 대립으로 언성이 높아지기도 한다. 여러모로 너무 편리하다.

이제 간판도 달고 사무실까지 완성됐으니 일하러 가 보자.

CHAPTER 03

컴퓨터 바탕화면에
깔아야 할 것들

일을 시작하기 전 먼저 컴퓨터 바탕화면에 깔아 두고 익혀야 할 사이트들이 아주 많다.

01 한방 (계약서 작성)

02 인터넷등기소 (등기사항증명서, 토지, 건물, 집합건물)

03 정부 24시 (건축물대장, 토지대장, 지적도)

04 부동산거래관리시스템 (실거래 신고)

05 루리스 (토지이용계획확인원, 계약서 작성 시 공법적인 부분)

06 씨리얼 (집합건물 공시가격, 개별주택 가격, 토지 공시지가)

07 일사편리

08 기타 광고 사이트 등

계약서 작성할 때와 중개업을 하는 데 자주 사용하는 필수 사이트들이다.

한방

첫 번째로 공인중개사협회에서 제공하는 한방을 깔아야 한다. 한국

공인중개사협회에 가입한 후 한방 **부동산거래정보망 프로그램** 설치에서 해도 되고 네이버 검색창에서 검색한 후 설치해도 된다. 그리고 계약 관리 클릭 후 **계약서 작성**을 클릭하면 계약서 양식이 나오고 여기서 계약서 작성을 하면 된다.

개공들이 주로 사용하는 **개인정보수집동의서, 공제증서, 표지, 현금영수증, 영수증 발행**도 여기서 출력해 사용하면 된다.

01 **개인정보수집 동의서**: 계약서 작성 전에 고객에게서 서명받아 계약서와 함께 보관해야 한다.

02 **공제증서**: 계약서와 함께 고객에게 교부해야 한다. (여러 장 복사해 놓고 계약서 넣어주는 빈 파일 앞면에는 명함을 꽂아 놓고 파일 안에는 공제증서를 넣어두고 쓰면 편하다. 공제증서는 유효기간이 1년이므로 많이 해놓지는 말자.)

03 **표지**: 표지도 출력해서 계약서 위에 딱 붙여 주면 고객들이 좋아 한다. 수준 있는 전문가로 비칠 것이다.

04 **현금영수증**: 계약을 성사시킨 후 중개보수를 받으면 현금영수증을 발급해 줘야 한다. 계약서 위쪽에 **현금영수증**을 클릭하면 여러 업체가 나오는데 그중 한 곳에 가입해 사용하면 된다. 가입 방법은 본인이 가입하고자 하는 업체를 클릭한 후 사업자 번호 등 본인의 정보 사항을 입력하는 난에 입력하기만 하면 된다. 크게 어렵지는 않다.

05 **영수증 발행**: 가끔 어르신들이 계약금이나 잔금을 현금 또는 수표로 가져오는데 이때는 영수증 발급을 해줘야 한다. **영수증 관련 서식**을 클릭한 후 **금액**을 **기재**하고 **계약금** 또는 **잔금**이라고 기재한

후 출력하여 매도인, 매수인, 개공 세 명의 도장(사인)을 중앙선에 찍어 중간 지점을 절개한 후 한 장씩 쌍방에게 나누어 준다.

06 **표준임대차 계약서: 임대 사업자는** 이 계약서로 작성해 주어야 한다. 계약서 종류를 클릭하면 표준 임대차 계약서가 있다. 작성하다 보면 일반 계약서 작성하는 것보다 더 간단하다. 표준임대차 계약서는 임대인의 임대사업자 번호, 임대 의무 기간 등 기존 계약서와 정보 내용이 조금 다르다. 처음에 잘 모르겠다면 임대인에게 기존에 작성한 계약서를 한 부 찍어서 보내라고 하여 미리 작성해 놓으면 좋다.

07 **관계 지번 추가:** 계약할 때 필지가 하나 이상인 경우는 관계 지번 추가를 클릭하고 정보 사항을 입력한 후 저장하면 된다.

08 **특약 사항 관리:** 개공들이 가장 많이 쓰고 개공들에게 가장 필요하면서도 유용하다. **특약사항 관리를** 클릭하면 주거용 매매, 주거용 임대차 등이 나오는데 그 아래 '**특약 사항1**' 옆의 톱니바퀴 모양을 클릭한 후 본인이 사용하고자 하는 특약 이름을 입력한다. 예를 들어 '월세 임대차' 또는 '전세 임대차'라고 입력하고 그 아래 공간에는 본인이 월세 임대차 계약서 작성할 때 필요한 특약 내용을 기재한 후 저장을 누르면 된다. 그리고 월세 임대차 계약서 작성할 때 **자주 쓰는 특약 적용을** 클릭하면 계약서의 특약 사항에 적용된다.

09 매도인 매수인이 공동 명의이거나 대리인이 온 경우 고객 검색 아랫부분을 클릭하여 선택한 후 작성하면 되고, 공동 중개하는 경우도 개업 공인 중개사를 클릭하여 검색하면 된다.

10 주민등록번호를 클릭하면 법인과 계약할 때 필요한 법인등록번

호, 외국인 등록번호 등이 나온다.

계약서 작성하는 것도 미리미리 연습하고 훈련해 놓아야 의뢰인 앞에서 실수를 줄일 수 있다. 계약 관리에 들어가 계약서 작성을 클릭한 후 좌측 상단 부동산 정보부터 하나하나 클릭하여 어떤 내용들이 있는지 꼼꼼히 살펴보고 언제 사용하는 것인지 확인해 보자. 사실 실무 교육 때 받은 교육 내용들이지만 현장에서 바로 적용하기는 쉽지 않다.

인터넷 등기소

등기사항 증명서를 발급받는 기관인데 어떤 계약서를 작성하든 꼭 발급받아야 하는 필수 서류이다. 처음엔 이것을 발급받는 것도 열람하기(700원)를 해야 하는지 발급하기(1,000원)를 해야 하는지 혼란스럽다. 열람하기는 발급하기의 사본이라고 하니 계약서 작성할 때는 열람하기로 출력하면 된다. 다만 어느 기관에서 제출을 요구할 때는 발급하기로 해야 증명서로서 효력이 있다.

열람하기를 클릭하면 **부동산 구분**이 나온다. 부동산 구분을 클릭하면 토지, 건물, 집합건물로 구분되어 있다. 아파트, 연립, 오피스텔, 다세대 빌라, 집합 상가는 **집합건물**로 설정해 놓아야 한다. 그리고 계약서 작성 시 집합건물이 아닌 건물이나 주택 등을 매매할 때는 **토지, 건물의 등기부 등본을 모두 발급**받아 토지와 건물의 소유자와 권리관계가 동일한지 확인하고, 소유권 외의 권리사항이 있다면 확인 설명서 2번의 소유권 외의 권리사항(채권 최고액, 전세권 설정, 압류 등)에 기재하고 매수(임차인)인에게 꼭 설명하고 확인시켜주어야 한다.

간혹 지번이나 도로명 주소로 검색이 안 될 때가 있는데 이럴 때는 간편 검색에서 주소 전체를 입력하여 검색하면 된다.

등기 기록 유형에서는 기본적으로 **말소 사항 포함**으로 되어 있는데 옆을 클릭하면 현재 유효 사항이 나온다. 나는 계약서 작성 할 때 **현재 유효 사항**을 발급받아 사용한다. 처음엔 말소 사항까지 출력하여 정신이 없었다.

정부 24시

정부 24시에서는 우리 일상생활에 필요한 많은 정보가 있다. 중개업에 가장 많이 활용되는 것은 **건축물대장, 토지대장, 지적도**다.

01 **건축물대장**: 가장 먼저 위반 건축물(불법)이 있는지 확인해야 한다. 이것을 체크하지 못하면 바로 중개 사고로 이어진다. 건축물대장에 위반건축물이라고 명시되어 있다면 소유자가 매년 과태료를 납부하고 있다는 것이다. 그리고 실제 사용하고 있는 용도와 건축물대장상의 용도가 맞는지 확인하고, 특히 다가구 주택인 경우 **건축물대장상의 가구 수와 실제 가구 수**가 맞는지 꼭 확인해야 한다.

그리고 계약서에 기재해야 할 사항이 여기 많이 있다. **연면적, 건축 연도, 내진 설계 유무, 건물의 구조**(철근 콘크리트냐 조적조냐 등), 용도(단독 주택, 다가구 주택 등)는 여기서 확인하고 계약서에 기재하면 된다.

건축물대장을 발급받는 방법 중 **집합건물**은 집합건물 클릭 후 **전유 부분**을 선택해야 한다.

02 **토지대장**: 토지의 면적이 등기부등본상의 면적과 동일하고 소유자도 동일한지 확인한다.

03 지적도: 땅의 위치와 모양, 소유자가 동일한지 확인한다.

루리스 (토지 이용 규제 정보 서비스)

계약서 작성 시 중개 대상물 확인 설명서 3번에 입력해야 할 정보들은 여기에 있다. **공법적인 것**, 즉 용도지역, 용도지구, 용도구역, 도시군계획시설, 도로 등 해당 없으면 **해당 없음**(특히 임대차 계약할 때)이라고 개재하면 된다. 건폐율, 용적률은 협회에서 나눠주는 건축 제한 조견표를 보면 된다.

그리고 지도 아랫부분을 클릭해 보면 해당 지역의 건축법 적용 행정적 규제 사항 등에 대해서도 알 수 있다. 정부24시에서도 확인할 수 있지만 자주 사용하는 것이니 바탕화면에 깔아 놓고 사용하면 편리하다. 출력할 때는 **간편 인쇄**를 클릭하여 사용하면 된다.

씨리얼 (한국토지주택공사 제공)

계약서의 맨 위 왼쪽의 부동산 정보를 클릭하면 씨리얼로 연결된다. 매매 계약 작성 시 개별 주택 가격을 입력해야 하는데 이때 씨리얼에서 검색하면 된다.

단독 주택은 씨리얼에서 **부동산종합정보 클릭 후** 부동산종합정보 바로 아래의 **부동산종합정보**를 한 번 더 클릭한 다음 검색란에 해당 주소 입력 후 검색을 클릭하면 매매 계약 시 필요한 **개별주택 가격 토지공시지가**를 알 수 있다.

집합건물은 **공시가격 클릭** 후 지번 입력하고 아파트 단지명이 나오는데 **단지명을 클릭**하면 동, 호수 입력하는 난이 나온다. 거기에 동, 호수 입력 후 엔터 치면 **공동주택 공시가격**이 나온다. 씨리얼도 바탕화면에 깔아두면 편리하다.

일사편리

건축물대장의 정보가 거의 다 있고 위에서 설명한 개별 주택 가격, 토지 공시지가, 대지 면적, 연면적, 건축 연도 등의 모든 정보가 있어 편리하다. 주로 월세 임대차 계약서 작성할 때나 고객들과 상담할 때 많이 사용한다. 하지만 매매 계약 시 또는 상가 계약 시는 직인이 찍힌 정부24시의 정보를 활용하여 작성하고 의뢰인들에게도 교부해야 한다. 일사편리도 국토교통부에서 제공하는 국가공간정보센터라고 하는데 가끔 오류 정보도 있기 때문에 추후 분쟁이 생긴다면 중개사에게 불리하다. 정부24시는 검색 절차도 까다롭고, 검색 시간도 오래 걸리고, 가끔은 다음 페이지로 넘어가지 않는 불편함이 있어 임대차 계약 작성 시나 평소에는 일사편리를 많이 이용한다.

일사편리에서 **건축물대장**의 내용을 보려면 **건축물 정보 클릭** 후 대장 종류 아래 일반 건축물이라고 쓰여 있는 난, 또는 그 옆의 **지번을 더블 클릭**하면 건축물대장 화면이 나온다.

실거래가 (국토교통부)

나는 가끔 여기 들어가 요즘 매매 동향이 어떤지 본다. 그리고 타지역 물건의 매매 의뢰가 들어오는 경우, 요즘 시세가 어떤지, 거래량은 얼마나 되는지 확인할 때 아주 유용하다.

그런데 주로 집합건물(아파트, 연립, 오피스텔, 도시형 생활주택)이고 개별주택은 거래 건수는 알아도 시세 파악하기는 힘들다. 개별주택 실거래가는 밸류맵에서 하면 된다.

아파트 단지에 있는 개공들은 본인 지역에서 거래가 얼마나 되었는지 가끔 확인해 보고 놀라기도 한다. 1월의 매매 건수가 30인데 본인은 2건밖에 못한 경우 같은 지역에서 누군가는 아주 열심히 일했다는 것인데, 이때 긍정적인 중개사는 더 열심히 해야겠다는 다짐을 할 것이다.

실거래 신고 (부동산 거래 관리 시스템)

매매 계약을 하면 실거래 신고를 해야 한다. 처음엔 이것도 매우 떨려 혼자 할 자신이 없어 친분 있는 개공에게 내 사무실을 방문하도록 부탁하여 그분이 직접 해주기도 했다. 하지만 떨 것 없다. 하다가 모르면 담당 공무원에게 전화해서 도움을 요청하고 궁금한 것을 물어보면 친절하게 안내해 준다. 잘못된 것이 있으면 전화해서 틀린 부분을 전달해 주고 수정을 요청하기도 한다. 모든 공무원이 그런 건 아니므로 너무 기대는 하지 말고 천천히 하나하나 찾아가며 입력란에 입력만 하면 사실 크게 어렵지 않다.

실거래 신고는 중개 대상물이 있는 소재지의 시군구에서 해야 한다. 공부할 때 모두 배운 것인데도 처음에는 내 사무실 소재지를 클릭하고 도대체 어디에 있는지 한참 찾아 헤매기도 했다. 무엇이든 첫 경험은 다 그런 것 같다.

도시가스 전출입 신고

임대를 많이 하는 사무실은 이 사이트를 깔아놓고 임차인들에게 서비스해 주면 좋다. 도시가스공사는 전화 연결이 어려워 장시간 전화기를 붙잡고 있어야 한다. (젊은 친구들은 모바일을 이용해 잘하긴 한다.) 도시가스 연결 신청은 **3일 전**에 해야 하고 일요일에는 불가능하다. 요즘은 외국인들도 많다 보니 특히나 외국인들에게는 꼭 안내하고 서비스해주면 좋겠다. 모든 것이 낯선 타국에서 이런 작은 배려가 그들에게는 큰 도움이 될 것이다. 특히 겨울에는 더 신경 쓰자. 미리 신청하는 것을 몰라 냉방에서 잠들어야 하는 것을 생각하면 안타깝다. 이 작은 수고가 애국하는 길이라고 생각하고 귀찮아하지 말자. 그리고 어르신들….

샌디스
– 단체 문자 보내기

이것도 임대 많이 하는 지역에서 유용하게 사용된다. 새해 명절 특별한 절기에 단체로 문자도하고 "원룸 투룸 공실 있으면 연락주세요~" 하며 한 달에 한 번씩 단체 문자를 보내면 좋다. "매매 의사 있으면 연락주세요~" 하는 문자도 일 년에 두세 번 정도 보내주면 좋다. 달랑 이렇게 보내라는 것이 아니라 앞뒤 문장을 만들어서 하라는 것이다.

임대 문자는

"안녕하세요 ○○○ 부동산입니다. 원·투룸, 주인 세대 등 전세 또는 월세 공실이나 공실 예정 있으면 문자 남겨 주세요. 요즘 이 사철이라 그런지 손님이 많네요~~"

또는

"안녕하세요? 오늘은 초복입니다. 맛난 보양식 드시고 올여름 건강하게 보내세요~~^^ 그리고 공실이나 공실 예정인 것 있으면 문자 남겨주세요. 항상 감사드립니다. ○○○ 부동산 ○○○"

등등 본인에게 적절한 내용으로 하면 된다.

매매 문자는

"안녕하세요, ○○○ 부동산 사무소 대표 ○○○입니다.
매매 찾는 손님이 있어서 그러니 매매 의사 있으시면 연락주세
요. 주변에 소문나지 않도록 조용하게 진행하겠습니다~^^"

"편한 시간이 언제인지 문자 남겨 주시면 제가 연락드리겠습니다."

그 외에 깔아놓아야 할 것

네이버 지도, 다음 지도도 깔아 놓고, 또 본인들이 쓰는 광고 사이트 엔진 '다방', '직방', '매경(네이버 부동산)' 등도 깔아 놓아야 한다. 그리고 한국감정원(부동산 통계자료), 부동산지인(부동산 분석 외), 호갱노노(아파트 가격 외), 벨류맵(토지, 주택 매매가격), 해당 지역의 부동산밴드 등 많은 정보 사이트가 있다.

요즘은 정보의 홍수 속에 살기에 나는 기본적인 부분, 우선 당장 알아야 하는 꼭 필요한 사이트만 선별해 보았다. 각자 오픈한 지역에서 많이 사용하는 사이트가 또 있을 것이다. 잘 알아보고 본인들에게 필요한 것들을 찾아 중개업에 활용하기 바란다.

> 🖋 컴퓨터에 익숙하지 않으면 보이는 화면만 보고, 찾지 못하고 헤매기도 하는데 스크롤 바를 위아래로 움직이며 찾아보자.

좌충우돌
부동산
중개업
입문서

CHAPTER 04

개업과 동시에
미리 준비하고
알아두어야 할 것들

매물 접수 노트 만들기

처음 오픈하면 접수되는 물건이 적다 보니 한 권의 노트에 적어나가기 시작하는데, 몇 달 지나면 뒤죽박죽되어 손님이 와도 찾지를 못하고 진땀을 뺀다. 그래서 처음부터 세분화하여 정리하는 것이 좋다. 아파트 단지 내라면 그럴 필요 없고, 임대, 상가, 매매가 섞여 있는 지역이라면 꼭 그렇게 해야 한다. 처음부터 매매, 임대, 토지로 구분한다.

매매는 단독 주택(전원주택), 다가구 주택, 다중 주택, 상가 주택, 상가 건물, 아파트(연립), 토지로 구분하고, 임대는 원룸, 투베이, 투룸, 쓰리룸, 상가 임대로 구분해서 정리해 놓으면 좋다. 임대는 자주 들어오고 나가는 것이라 노트에 정리하는 것으로 끝내지만, 매매는 가격대별로 분리해서 자료를 만들어 놓으면 손님 응대할 때 전문가답고 활용도가 아주 높다(컴퓨터에 엑셀이나 한글 파일로 만들어 놓을 것).

임대는 전세, 월세를 구분까지 해서 노트를 만들려면 너무 많아지므로 전세에는 형광펜을 칠해 놓고 금액에는 빨간색으로 동그라미를 해 놓으면 물건이 바로 눈에 들어온다. 의뢰인이 방문하여 임대인에게 전화해 보고 계약 됐다고 하면 금액 위에 X 표시를 하면 확인하기 좋다.

임대인에게 일일이 전화하기 번거롭다면 그냥 의뢰인과 방문해 본다. 방의 비밀번호가 바뀌어 있다면 임대가 된 것이다. 임대 전문가들끼리의 암호다. 월세 임대는 대부분 임차인이 퇴실한 후 임대인이 깔끔하게 입주 청소까지 해놓고 공실인 상태로 내놓기 때문에 물건 내놓으면서 현관 비밀번호와 방 비밀번호까지 다 알려준다(알려 주지 않으면 물어보기).

전화번호 입력하기

중개업을 시작하면 의뢰인들과 많은 통화를 하게 되므로 전화번호를 저장할 때 확인하기 쉽게 자신만의 방법을 만들어 저장하는 게 좋다. 나는 임차 또는 매수 의뢰인의 경우 날짜까지 메모해 둔다.

투룸 전세 문의(2/10)
주택 매매 2억 보고 감(2/15)
푸르지오 매매 문의(2/9)

다가구 주택 소유자들은 주소도 함께 메모해 둔다. 동일한 이름이 많아서이기도 하다.
'A빌(○119)사장님', 아파트는 'A파크 ○○○/○○○○ 사모님'

이렇게 해 놓으면 바로 응대가 가능하다. A빌 사모님께 전화가 오면 전화받으면서 반갑게 "안녕하세요 사모님!" 하면서 친근감 있게 전화를 받을 수 있으니 좋다. 몇 번을 전화해도 누군지 몰라 하면 상대방이 좋아할 리가 없다. 나는 당신을 언제나 기억하고 있다는 듯한 느낌을 주는 것이 좋다.

파일 준비해 놓기

계약서 작성 후 계약서와 공제증서를 함께 넣어 주는 파일은 청주의 경우 이삿짐센터에서 본인들의 업체를 홍보하려고 주고 간다. 교차로 등의 지역 생활정보지에 올라와 있는 이삿짐센터에 문의해 보면 된다. 본인들만의 파일을 제작하여 사용하는 중개소도 있다.

금융권의 대출 상담사 알아 놓기

부동산 매매가 대부분 부동산 중개사무실을 통해 이루어지고 주택 담보 대출을 이용하는 고객들이 많으므로 은행별로 대출 상담 직원의 연락처를 미리 알아두면 좋다.

매매 계약을 하고 나면 대출을 받아야 하는 매수인 중에는 대출을 어디서 받아야 하는지 고민하는 고객도 있다. 이때 주거래 은행이 어디인지 물어보고 그쪽 직원과 바로 연결해 주거나 주거래 은행이 없다고 하면 중개사가 금융기관을 선정해 연결해 주면 좋아한다.

대출 한도는 얼마나 되는지, 금리는 어떻게 되는지, 그 자리에서 바로 알 수 있어 편리하다. 상담하고 상담한 직원을 통해 대출 신청을 하면 은행 방문을 하지 않고 대출 담당 직원이 대출 의뢰인을 직접 방문하여 준비해둔 서류를 받아서 은행에 접수한다.

 "사장님 어느 은행에서 대출받으실 거예요? 신한은행이요? 그럼 은행에 오고 가려면 힘드시니까 제가 알아봐 드릴게요."

> ✒ 아파트 단지에 있는 중개소에는 은행별로 대출 상담 전문 직원들이 영업을 위해 방문을 많이 하는데 주택가 상가 지역에는 안 온다.
> 1금융권에서는 단독 주택, 다가구는 기피하고 주로 아파트를 선호한다.

법무사 알아두기

매매 후 소유권 이전 등기 신청 또는 전세권 설정, 전세권 말소 등기 등을 해야 할 때 필요하므로 미리 알아두자. 처음엔 법무사에게 물어볼 것도 많다. 매매 계약서를 작성한 후 매수인에게 물어본다.

 "사모님 아시는 법무사분 계세요?"

 "아니요, 없어요"

 "그럼 우리 사무실에 등기만 전문으로 하는 법무사님이 오시는데 그날 오라고 할게요."

등기 비용은 중개 보수처럼 매매 금액에 따라 요율이 정해져 있다. 매수인이 대출을 직접 알아보겠다고 직접 금융기관을 방문하면 금융기관에서도 매수인에게 아는 법무사가 있느냐고 물어본다. 없다고 하면 금융기관에서도 그들과 친분 있는 법무사를 보낸다. 될 수 있으면 은행 대출받으러 가는 매수인에게 이렇게 말해서 보낸다.

 "사모님 은행에 대출 상담받으러 가면 아는 법무사 있느냐고 물어볼 거예요. 그러면 있다고 하세요. 우리 사무실에 등기만 전문으로 하는 법무사님이 오시는데 저희도 우리랑 잘 아는 분과 일하는 게 편하거든요."

처음 오픈하면 법무사에게 물어볼 것도 많은데 매매 계약이 자주 있는 것도 아니어서 중개사가 아는 법무사를 불러줘야 중개사의 체면이 서기 때문이기도 하다.

매수인이 대출을 받아 잔금을 치를 때는 은행 직원이 부동산 사무실로 출장을 나온다. 그리고 법무사에게 소유권 이전 서류가 넘어가는 것을 확인하고 은행으로 전화하여 대출을 실행하라고 하면 대출금이 매수인에게 입금된다.

물건에 채권 최고액이 설정되어 있어 잔금일에 동시 상환하기로 했다면 이 또한 법무사와 은행 직원이 나와 확인하고 정리하므로 크게 신경 쓸 일은 없다.

그 외 알아두어야 할 것

01 세무사도 알아두면 좋다. 양도세나 기타 세금 계산할 때 필요하다.

02 도배 장판, 주택관리사, 청소, 이삿짐센터, 수리하는 업체들의 연락처도 알아두면 좋다.

03 중개사가 일하는 지역에서 발행되는 생활정보지 '교차로'나 '벼룩시장' 등의 발행기관에 전화하여 주소를 알려 주고 한 부 넣어 달라고 하면 매일 넣어준다.

04 토목 사무실 – 허가 문제

05 건축사, 설계사무실 – 허가 문제, 용도 변경 등의 문의 사항 시 필요

CHAPTER 05

물건 찾는 방법

물건 찾기

기존 사무실을 인수받았다면 접수된 물건 중에 중개가 가능한 물건이 있는지 확인해 보자.

"안녕하세요? 이번에 ○○○부동산 사무실을 인수한 대표 ○○○입니다. 물건 접수장을 보다 보니 사모님 집이 접수되어 있어서요, 아직 중개가 가능한지 확인도 하고 인사도 드리려고 전화드렸습니다. 지금 시간 괜찮으시면 집 상태도 볼 겸 찾아뵙고 싶은데요."

이때 약속은 바로 잡는 게 좋다. 한 시간 간격으로 잡아서 한번 다 돌아보자. 나는 지금도 접수되는 물건들 대다수는 직접 방문해서 물건 상태를 일일이 확인한다. 그래야 의뢰인이 왔을 때 바로 응대할 수 있기 때문이다.

공동 중개하는 방법

주변에 있는 부동산 사무실 전화번호를 알아 놓는다. 그러나 바로 옆에 붙은 사무실은 피하자. 어차피 내 사무실 방문했다가 원하는 물건이 없으면 옆 사무실로 갈 텐데 공동 중개하자고 전화하면 싫어한다. 50m 이상 떨어진 곳부터 시작하여 한동네에 두세 곳씩 미리 알아 놓고 가까운 곳은 사무실에 들러 인사하고 명함을 받아오면 좋다.

내 사무실에 물건이 없으면 알아둔 사무실에 열심히 전화해야 한다. 그리고 다른 중개사들이 올린 광고도 참고 하자. 열심히 하는 중개사들은 고객들을 위해 올려둔 광고를 보고 공동 중개하자고 연락을 많이 한다. 요즘은 한 집 건너 한 집이 부동산 사무실이라고 할 만큼 중개사무소가 많으니 아무리 좋은 물건이라도 혼자 갖고 있을 필요가 없다. 다른 중개소에서 계약하면 끝이기 때문에 공동 중개도 열심히 해야 한다.

땅은 지번을 알려 달라고 하고, 아파트는 고객 중에 찾는 분이 있으니 추천해 줄 만한 물건이 있느냐는 문의가 온다. 믿을 만한 경우 동과 층까지 문자로 보내준다. 그리고 서로 정보 교환할 의사가 있다면

 "네~ 명함 한 장 보내주세요."

나 또한 명함을 받았다면 인사로 내 명함도 보내준다.

나는 항상 공동 중개를 의뢰했다면 통화가 끝남과 동시에 바로 내 명함을 보내준다. 당신을 믿겠다, 신뢰하겠다는 묵시적 표현이다.

공동 중개를 꺼리는 중개사들도 있다. 공동 중개 문의를 하여 아파트 동과 층의 정보를 공개했는데 다음날 해당 층에 "매매 물건 급히 찾습니다. 매수인 대기"라는 전단지를 현관마다 떡하니 붙여놓고 가는 중개사들이 간혹 있기 때문이다. 매매 의사가 있는 매도 의뢰인이라면 전화할 것은 불 보듯 뻔한 일이다. 이런 걸 중개 현장에서는 물건을 빼간

다고 하거나 물건을 훔쳐간다고 한다. 정직하게 서로 협력하여 윈윈하면 더 큰 시너지 효과로 즐겁고 재미있는 중개 현장이 될 텐데 좀 아쉽다. 토지 또한 토지대장을 발급받아 소유자 주소를 알아내서 찾아가기도 한다.

앞으로 중개업을 시작하는 후배 개공들은 이러지 않았으면 좋겠다. 당장 눈앞의 이익만을 생각하지 말고 좀 멀리 봤으면 좋겠다. 비밀은 없고 언젠가 진실은 자연스럽게 드러나고 알려지게 된다. 본인 마음도 편하지 않을 테고 그런 일이 한 번만 생겨도 그 주변에 금방 알려지고 개공들로부터 경계의 대상이 되어 버린다.

가끔 이런 일이 있다. 공동 중개로 본 물건인데 어느 날 그 건물의 소유자가 나의 사무실을 방문하여 내게 직접 물건을 내놓고 가는 것이다. 이때 나는 그 물건을 보여준 대표에게 바로 전화하여 알려 준다.

 "대표님 지난번에 대표님이 보여준 119번지 물건이요, 오늘 그 소유자분이 우리 사무실 방문해서 내놓고 가셨어요."

내가 매매한다는 보장은 없지만 혹시라도 괜한 오해로 신뢰를 잃어버리고 싶지 않기 때문이다. 공동 중개를 할 때는 소유자의 연락처만 제외하고 모든 정보를 넘겨주는데 사실 중개사들에게서 연락처 알아내기는 식은 죽 먹기다. 그렇기 때문에 아직 상대방 파악이 안 돼 살짝 믿음이 안 가는 중개사에게는 이런 멘트를 쓴다. 내 친구 건물이라는 둥 이모네 땅이라는 둥 친한 친구의 언니네 아파트라는 둥….

친분이 없는 중개사에게서 5억 원 선에서 괜찮은 물건 있느냐는 의뢰가 들어 왔다면

"괜찮은 물건 있으니 손님 모시고 와 보세요."
(손님과 함께 나타나면) "여기는 제 친구 친정엄마 건물인데 저한테만 내놓고 손님 있으면 주변에 소문 안 나게 조용히 좀 팔아달라고 했어요."

"대표님 ○○○동 ○○○○호 제 친구 동생 집인데, 팔아달라고 해서요. 손님 있으면 좀 붙여 보세요."

상황 봐서 요령껏 하면 된다.

> 이건 꼭 공동 중개 때문만 아니라 의뢰인들에게도 사용해야 한다. 물건을 보여 줬더니 나중에 직접 찾아가 소유자와 직거래하려고 하는 양심에 구멍 난 사람들이 가끔 있기 때문이다.

믿을 만한 동역자 개공들을 만들기 위해 노력해야 한다. 암튼 세상엔 공짜로 되는 것이 없다. 주변에 열심히 인사도 하러 다니고 공동 중개하기 위해 한 번이라도 통화해 본 사이라면 인사도 할 겸 차 한잔 하러 가도 되느냐고 물어도 본다. 지나가는 길에 눈에 띄면 무작정 들어가 명함도 주고 인사도 하고, 이번에 사거리에 오픈한 '○○○ 부동산'이라고 소개하는 것도 좋다. 처음엔 주변 개공들을 알아 가는 것도 중요한 일 중의 하나다.

동료 개공들을 많이 알고 친분도 쌓으려면 처음엔 분회도 열심히 참석하고 분회에서 주관하는 야유회도 따라다니고 다방면으로 열심히 노력해야 한다. 그래야 가끔 괜찮은 물건이나 바로 매매될 만한 물건이 접수되면 혼자 모셔놓고 있다가 놓치는 일을 막을 수 있다.

　괜찮은 물건이 접수됐다면 믿는 개공들에게 손님 있으면 붙여 보라고 연락해야 한다. 아끼다 똥 된다는 말이 이 업계를 두고 하는 말인 것 같다. 그러나 처음엔 정말 좋은 물건이 접수됐어도 좋은 물건인지도 모르긴 한다(나도 그랬음).

　공동 중개할 때 주의할 사항은 상대방 고객에게 또는 상대방 물건지에 가서 내 명함을 주거나 연락처를 물어보면 안 된다. 이것은 금기 사항이다.

　예를 들어 상대 대표와 함께 온 고객이 내가 보여준 물건이 마음에 들어 나에게 "명함 좀 주세요. 집에 가서 상의해 보고 연락드릴게요."라고 하는 고객이 있다면 그때는 "여기 함께 오신 대표님께 말씀하시면 됩니다." 해야 한다. 혹시라도 우연히 상대방과 함께 온 의뢰인의 연락처를 알았다고 해도 직접 통화하면 안 된다. 혹시라도 진행상 그렇게 해야 하는 상황이면 함께 진행하는 상대 대표에게 양해를 구한 뒤 해야 한다. 괜한 오해가 생길 수 있다. 그리고 상대방 대표와 물건지에서 처음 만나게 됐다면 서로 명함을 주고받는 것이 예의다. 나도 30% 이상이 공동 중개다.

지역 광고 신문, 인터넷 광고 활용

　매일 배달되는 교차로, 벼룩시장 등의 생활정보지를 고이 모셔 뒀다가 폐지 모아가는 어르신에게 넘겨주지만 말고 일주일에 한두 번 정도 본인이 일하는 지역에 직거래로 올라온 물건이 있나 확인해 보자. 매매, 전세 등이 있으면 전화해 본다. ○○○ 부동산인데 중개해도 되느냐고 하면 대부분 반가워한다. 그러면 물건 접수받고, 괜찮다 싶으면 바로 방문해서 사진 찍어 광고 올린다. 나름 괜찮은 물건들이 솔찬하게 나온다. 인터넷 광고 사이트에 올라오는 직거래 물건 역시 마찬가지다.

아파트 매매 물건 찾기

01 출입문이 오픈 된 곳은 전단지 작업을 한다.

"매매, 전세, 월세, 급히 찾습니다. 매수인 대기"

이렇게 만들어 호수마다 붙이고 다닌다. 명함 사이즈만 한 크기로 제작해 사용하면 된다. 아마 그동안 흔히 많이 봤을 것이다. 표시 광고법(사무실 이름, 주소, 대표 이름, 연락처)을 준수해야 하고 서민 아파트만 가능하다. 좀 고급진 아파트에 붙이면 당장 와서 떼가라고 항의를 받을 수 있다. 처음엔 욕먹을 각오로 일했다.

02 우편물에 편지 써서 꽂아놓기.

03 건축물대장 검색해 소유자 주소 알아내서 우편물 발송하기.

04 단지 내 마트에 가서 매매 물건이 있는지 물어보기.

05 아파트 단지 내 놀이터도 가끔 가서 아기 데리고 나온 엄마에게 혹시 매매 나온 것이 있는지 물어본다. "이 아파트를 사 달라고 하신 분이 계셔서요." 하면서 말이다.

06 경로당도 가서 여쭤 보면 어르신들이 잘 알려 준다. "길동이네 집 내놨잖어." 하면서. 그럼 그 집 앞 현관에 매매 전단지를 붙여놓든지 우편함에 매매 물건 찾는다고 편지 써서 꽂아놓든지 일단은 상대방의 연락을 유도해 보자. 그래도 연락이 오지 않는다면 직접 찾아가 벨을 눌러 매매 의사가 있다는 얘기를 듣고 왔다고 말한다. 어떻게 알았느냐며 불쾌해 하는 경우도 있으니 그럴 때는 아

까 아파트 입구에서라든가 놀이터에서 알았다고 하면서 "불쾌하셨다면 죄송합니다. 이 앞에 있는 ㅇㅇㅇ 부동산 대표인데요, (명함을 건네며) 이 아파트를 사 달라는 손님이 계셔서 오전에 이 아파트 입구에서 만난 분께 여기 매매 나온 것 있느냐고 물어보니 알려주셔서 찾아뵙게 되었습니다."라고 말하면 대부분 화가 가라앉는다. 얘기해준 사람을 구체적으로 말해주면 안 된다. 모든 것은 내가 책임지고 가야 한다.

다가구 주택, 원·투룸 월세 임대 매매 찾기

다가구 주택은 임대인들이 잘 보이는 곳에 '임대 문의'라고 전화번호를 붙여둔 곳이 많으니 빌라 이름, 지번, 연락처를 메모한 후 사무실 와서 열심히 전화해 본다. 얼마 전에 오픈한 ㅇㅇㅇ 부동산 대표라고 인사하고 공실 여부를 물어보고 없다고 하면 자연스럽게 대화를 이어 가면서 "사모님 댁은 원룸만 있나요?" 하고 물어본다. 투베이, 투룸도 있다고 하면 투베이는 몇 개고 투룸은 몇 개인지도 물어보며 다 메모한다. 다음에 투룸 찾는 의뢰인이 있으면 바로 전화해야 하니 보증금과 월세는 얼마인지까지 물어본다. 그것까지 알고 있어야 저렴한 방 찾는 고객이나 좋은 방 찾는 고객의 응대를 바로 할 수 있다.

전화를 끊을 듯하다가 무엇 하나를 잊었다는 듯이 "아, 사모님!" 하며 다시 시작한다.

 "아, 사모님 혹시 매매 의사는 없으세요?"

 "음, 손님 있어요?"

"네 손님이야 항상 있죠. 얼마에 내놓으셨는데요?"

 "10억에 내놨는데… 요즘 손님 없다고 하던데…."

 "예전 같진 않아도 손님은 꾸준히 있어요. 그러다 보니 싸고 좋은 물건만 찾아서 그렇죠. 가격을 조금만 내리면 좋을 텐데, 받고 싶은 거 다 받으려고 하니 그렇죠. 사모님은 손님 붙으면 잘 좀 해주세요."

그리고 물건 접수를 받기 시작한다. 채권 최고액(흔히 대출), 난방 종류, 보증금 총액, 월수입, 방 구성(원룸, 투베이, 투룸, 쓰리룸이 각각 몇 개인지, 다가구인지 다중인지)이 어떻게 되는지, 이사는 들어오는 분에게 맞춰 줄 수 있는지 등을 물어본다.

그리고 건축물대장을 검색해서 건축 연도, 대지 연면적, 세대 수가 맞는지, 위반 건축물 여부도 확인해서 자료를 만들어 놓는다.

그런데 간혹 내게 물어보는 분이 있다. 팔고 싶은데 시세가 얼마나 가는지, 얼마나 받을 수 있는지를. 아파트는 시세가 있어 알려주면 되지만 주택은 시세라는 것이 없기 때문에 본인이 생각한 금액보다 적게 얘기하면 욕하면서 전화를 뚝 끊어 버리기도 한다. 그러니 될 수 있으면 먼저 얘기하지 말고 이렇게 말을 돌리자.

 "후후, 사모님 집값을 사모님이 아시죠. 사모님께서 얼마 받으면 팔겠다고 생각한 금액이 있으시잖아요, 주택은 아파트처럼 시세라는 게 없어서요, 10억에 내놨는데 10억에 사겠다는 분 있으면 매매되는 거고 그렇죠."

이러면서 너스레를 떨며 말을 좀 빙빙 돌려야 한다.

 "사모님이 팔아달라는 대로 받아드려야죠. 사모님은 얼마에 사셨는데요?"

이번에는 내가 슬며시 물어본다. 그러면 내가 10억에 샀는데 그간 이 집에 들인 돈이 얼마라는 등 요즘 여기 땅값이 많이 올라 12억은 받아야 팔지 않겠느냐는 등 하나가 원하는 금액을 말하는 경우가 많다.

끝까지 말을 하지 않으면 "그럼 제가 땅값이랑 건축 연도 등 사모님 집과 비슷한 집이 최근에 얼마에 매매됐는지 알아보고 전화 드리겠습니다." 하고 전화를 끊고 전화하지 않는다(지금 당장 손님이 있는 것도 아니니 매매 의사가 있는지 정도만 알아두는 것도 좋으니). 그리고 일단 알아본다. 그럼 정말 팔 생각이 있는 분은 며칠 후 전화가 온다. 기다렸는데 연락이 없어서 전화했다고 할 것이다. 그럼 조금 후하게 말해준다. 그리고 매매 손님이 붙어 내가 말해준 금액보다 적은 금액에 팔아야 한다면 이때는

"요즘 경기도 안 좋아 손님도 없는데 파셔야죠."

"요즘 팔려고 내 논 집이 너무 많아 전반적으로 집값이 많이 떨어졌는데…."

 "요즘 손님이 없는데 이렇게 맘에 들어 하는 분이 계셔서 얼마나 다행인지…."

"근처에 어떤 집은 사모님 댁과 같은 연도에 건축됐고 대지도 비슷한데 1억이나 저렴하게 매매 됐어요."

등의 말을 하면 어차피 팔려고 마음먹었으니 웬만하면 매매한다.

그리고 임대 문의를 붙여 놓지 않은 곳인데 위치도 좋고 임대하기 좋거나 매매 의사가 있는지 궁금한 곳은 차 안에 있다가 그 집에서 나오는 세입자가 있으면 얼른 나가서 명함을 주고(다가구 주택은 15가구 전후로 세입자가 많아 오래 기다리지 않아도 세입자를 만나기 쉽다) 부동산인데 이 집에 공실 있는지 물어보려고 하니 임대인 전화번호 좀 달라고 하면 주기도 하고, 주차장에 주차해 있는 차에 있는 연락처를 보고 전화하기도 한다.

"행복빌에 사시죠? 이 근처에 있는 ○○○ 부동산 대표인데요, 이 건물에 공실 있나 해서요. 이 건물이 깔끔하고 좋아서 그런지 이 건물에 원룸 있는지 알아봐 달라고 하는 분이 계셔서요, 집주인 연락처 좀 알려주시겠어요?"

남의 전화를 함부로 알려 줄 수 없다고 한다면

"그렇죠. 타인의 연락처를 함부로 알려준다는 게 좀 조심스럽긴 하죠. 그럼, 죄송한데 좀 수고스럽겠지만 집주인분께 전화해서 여기 빈방 찾는 중개사가 있다고 제 연락처 좀 드리면 안 될까요?"

개업하고 물건이 전혀 없었으므로 새벽마다 모자 뒤집어쓰고 전단지를 많이 붙이고 다녔다. 누구나 전단지를 많이 붙이고 다니는데 좀 더 효과적인 방법이 뭘까 생각하다 전단지를 붙이려고 하는 지역의 명칭을 넣어 붙였더니 훨씬 효과가 좋았다.

수동에서 단독 주택 매매 급히 찾습니다.
이 근처에서 상가 임대 급히 찾습니다.

단독 주택 매매 매물 찾기

단독 주택도 전단지 붙이는 게 가장 좋은 방법이다. 전단지를 붙이다가 동네 주민들과 마주치면 명함을 주면서 이 주변에 매매 나온 물건이 있느냐고 물어본다.

 "이 동네가 좋은가 봐요. 이 동네에서 집을 사달라고 하는 분이 계셔서요."

 "저기 저 집 판다고 했는데…."

이때 매매나온 집을 찾아가서 집주인에게 "여기 매매 내 놓으셨지요?" 라고 알고 왔다고 말하지 말고 이렇게 말하자.

 "사장님 혹시 매매의사 있으세요?"

아파트는 그 집 벨을 눌러야 하니 알고 왔다고 할 수밖에 없지만, 주택은 오픈된 공간이니 매매 물건 있나 알아보러 온 듯 물어보는 게 좋다.

한번 엄청 혼이 난 적이 있다. 매매한다는 말을 듣고 '매매하신다면서요?'라고 물었다가 '나 집 판다고 한 적 없는데 그런 말 한 사람이 누구냐고 말하라고 말 안 하면 내가 당신 가만두지 않겠다, 신고하겠다'는 등 소리소리 지르며 난리 쳐서 죄송하다고 옆집을 제가 잘못 알았나 보다고 하며 진정하시라고 하면서 싹싹 빌며 나온 적이 있다. ^^

상가 건물 매매 매물 찾기

상가 건물은 그 건물에서 장사하고 있는 임차인에게 물어보면 알려 주기도 하지만 대부분 싫어한다. 본인이 영업하고 있는 곳의 임대인이 바뀌는 것을 좋아하지 않는다. 임대인이 바뀌면 임대료가 올라간다고 생각한다. 사실이 그렇기도 하다.

대부분의 임대인들은 본인 건물에서 오래 장사하는 임차인들에게 해마다 임대료 인상을 요구하는 것이 쉽지 않아 몇 년째 동일한 임대료를 받고 있는 경우가 많다. 그런데 매매할 때 중개사가 매수 의뢰인에게 몇 년째 임대료 인상을 못 해 주변 시세보다 저렴하니 사장님이 매수해서 20만 원씩 인상하면 된다는 등 매수 의뢰인을 부추기기도 하기 때문이다. 매수인은 당연한 거로 생각하고 중개사의 말대로 하기 쉽다. 때문에 매매가 되면 최소한 한 번은 임대료 인상이 되는 경우가 많다. 그래서 상가 건물은 건축물대장 또는 토지대장에서 소유자 주소를 검색한 후 매매 의사가 있느냐는 우편물을 발송하는 게 가장 좋다. 매매 의사가 있거나 공실이 있으면 연락이 온다.

알아낸 주소지는 잘 정리해 두고 1년에 두 번 우편물을 발송한다. 시간이 지나면 생각이 바뀌기도 하고, 계획이 바뀌기도 하고, 삶에 변화가 있기에 지난번에는 매매 의사가 없었어도 이번에는 매매해야 할 일이 생기기도 하니까. 반송되는 것은 반송이라고 메모도 해놓고 자료를 만들어 가면 된다. 자료가 쌓일수록 그다음부터는 일이 수월해진다.

상가 임대

상가 임대 물건 찾을 때도 전단지를 붙여 놓으면 문의 전화가 많이 온다. 전단지를 붙이다가 공실인 상가에 '**임대 문의**'라고 붙어 있으면 임대인인지 확인해 보고 바로 전화해서 중개해도 되는지 물어본 후, 임대인이 붙여놓은 전단지 옆에 내 것도 나란히 붙여놓는다(임대인지를 아는 방법은 중개소에서 붙여 놓은 것은 표시광고법에 의해 전단지 네 귀퉁이 어딘가에 부동산주소, 대표 이름 등이 깨알같이 적혀있다. 일반인들은 식별이 힘들다).

고객은 누가 건물주인지 모르니 내게 연락 오면 보여주고 맘에 든다고 하면 중개하면 된다. 건물주가 임대 문의라고 붙여 놓은 것은 중개해도 되느냐고 꼭 물어봐야 한다. 안 물어보고 중개하면 누가 중개하라고 했느냐며 중개 보수를 안 주려고 하는 건물주가 있긴 한데 대부분은 고마워한다(나의 경우 한 명 있었는데, 안 준다고 버티다가 반만 주었다).

전화로 물건 받기

인터넷이나 지역 생활광고지에 광고를 전혀 안 내는 중개사도 있는데 기본은 내는 것이 좋다. 광고지에 있는 연락처를 보고 물건을 접수하는 경우도 간간이 있다. 위의 방법들은 내가 다 해 본 방법이지만 또 다른 방법들도 많이 있을 것이다. 좋은 방법이 있다면 서로 공유하자.

CHAPTER 06

물건 접수받는 방법

매도 의뢰인 물건 접수 방법, 광고는 어디에

물건을 접수 받는 것이 별거 아닌 듯 생각할 수도 있지만 매우 중요하다. 물건을 접수 받을 때 어떻게 받아 놓느냐에 따라 매도(임대) 의뢰인에게 여러 번 전화하는 일 없이 매수(임차) 의뢰인이 원하는 물건으로 바로 안내할 수 있다. 물건접수가 제대로 되지 않은 경우 주인 세대가 1층인 물건을 찾는 고객이 오면 매도의뢰인에게 전화해야 한다.

"사모님 거기 주인 세대가 1층인가요?"

"사모님 거기 난방이 도시가스라고 했나요?"

 "거기 화장실이 두 개인가요?"

"거기 리모델링이 되어 있다고 하셨나요?"

"전세보증금이 얼마죠?" (등등…)

물건에 대한 대략적인 것을 다 메모한 후 마지막으로 집은 어떻게 보러 가야 하는지 문의해야 한다.

요즘은 다들 바쁘다. 맞벌이 부부도 많고 기타 활동들로 집에 없는 경우가 많기 때문이다. '직장인이라 저녁 7시 이후나 주말에 오면 좋겠다', '장사를 하고 있으니 집 보겠다는 손님 오면 전화해라', '내가 잠깐 갔다 오겠다', '손님 오면 전화해라. 그럼 비밀번호 알려 줄 테니, 중개사 입회하에 들어가서 보여줘라', '점심때 알바를 하니 3시 이후면 좋겠다' 등 다양하다. 그러니 미리 알고 있어야 매수 의뢰인과 약속 잡기가 좋다.

공실이라고 해서 비밀번호를 물어보면 집 보러 올 때 전화하라고 하는 매도 의뢰인이 있다. 이때는 손님이 갑자기 오기 때문에 매도인과 연락이 안 되면 집을 보여 드릴 수가 없다고 하며 비밀번호를 알아 놓는 게 일하기 편하다. 이때는 중개사에 대한 믿음도 주고 고객 혼자 보내지 않는다는 신뢰를 확인시켜 주는 것이 중요하다. 간혹 비밀번호를 알고 있는 경우 손님이 겹치거나 외부에 나와 있어 바로 올 수 없을 때 의뢰인에게 비밀번호를 알려주고 혼자 보내는 중개사가 있는데, 그건 절대 안 된다. 문제 생길 수 있으니 유의하자.

의뢰인들끼리 들어가서 발생할 수 있는 문제들이 많다. 창문을 억지로 열다가 정말 고장 내고 슬며시 사라지거나 밤에 무단으로 들어가 잠을 자거나 담배꽁초를 바닥에 버리고 발로 문지르고 나오는 경우도 있고, 창문을 개방한 채로 나와서 겨울에 동파가 생기기도 한다. 물이 잘 나오는지 확인한다고 수도를 틀어 놓고 그냥 나오거나 화장실에 큰일 봐 놓고 물티슈 등을 넣어서 막히게 하고 나오거나 특히 전등 소등을 안 하고 나오는 경우가 가장 많다. 꼭 동행하기 바란다.

임대인(매도인)이 비밀번호를 알려주는 것은 중개사를 믿고 알려 주는 것이므로 의뢰인만 보내 문제가 생긴다면 중개사 책임이라는 것을 명심하자.

세입자 유무를 확인하고 세입자가 있다면 기존 세입자에게도 매매한다는 것을 통보했는지 확인해야 한다. 이때 기존 세입자도 알고 있다면 세입자 연락처도 메모해 둔다.

세입자가 있는 상태에서 매매해야 하는 경우 세입자가 빨리 나가야 하는 상황이면 협조가 잘되는데 퇴실을 원치 않으면 다소 어려움을 겪을 수 있다. 집도 잘 안 보여 주고 여기저기 부동산에서 너무 많은 전화가 와서 짜증 난다며 불쾌해 하기도 한다. 다시 전화하기 민망하게 말이다. 그리고 보여 주겠다고 하여 손님과 가면 집을 흠잡기도 한다. 춥다느니 덥다느니 살기 불편하다느니 위층 부부가 자주 싸우는데 부수고 소리 지르고 해서 경찰도 몇 번 왔다 갔다느니 겨울이면 뒤 베란다의 세탁기 호수가 얼어 고생한다는 등등. 이럴 때 처음엔 중개사도 당황하게 된다. 그럴 때는 "네네" 대답만 하고 현장에서 나와 매수 의뢰인에게 이렇게 말하자.

"이사 나가기가 싫어서 저러네요. 지난번에도 손님 모시고 간 적이 있었는데, 저러시길래 그 후엔 아예 손님을 안 모시고 갔었거든요. 그런데 며칠 전에 집주인에게 전화가 왔더라고요. 요즘 손님이 없느냐고. 그래서 세입자가 협조를 안 해줘서 갈 수가 없었다고 하니까 이제 협조 잘해 주기로 약속했다고 해서 오늘 온 건데 또 저러네요."

그래서 이 집이 좋은데도 안 팔리고 있다며 손님에게는 시세보다 조금 저렴하게 살 수 있는 좋은 기회라는 이야기를 해준다.

현실이 그렇긴 한데 처음 이런 상황과 마주하면 좋지도 않은 집을 소개한 것 같아 당황하고 민망하여 안절부절못하게 되는데 지금은 여유롭게 미소까지 지어가며 세입자에게 이렇게 말해 주고 나온다.

 "그러셨어요? 불편하셨겠네요. 집이 얼른 팔려야 하는데 걱정이네요."

아파트 매매

01 매매 금액

02 아파트 이름(주변에 몇 개의 아파트가 있다면)

03 동 호수

04 연락처: 얘기하다 보면 가끔 연락처 메모하는 것을 깜박하고 그냥 보낸다거나 메모는 했는데 잘못 메모해 난감한 경우가 있다. 메모하고 한 번 더 확인해 보자.

05 채권 최고액: 얼마나 되어 있는지.

06 확장 여부: 어디를 확장했는지, 베란다만 아니면 아이들 방까지 등.

07 하자 여부: 하자 있는 부분이 있는지도 한번 물어보자.

08 이사 날짜: 꼭 물어봐야 한다. 나가고 들어오는 날이 맞아야 중개가 가능하다.

09 리모델링: 언제 한 것인지, 도배·장판만 한 건지, 몰딩, 페인트, 싱크대, 문짝, 신발장까지 교체했는지, 화장실은 타일까지 다 교체한 것인지, 샷시까지 교체했다고 하면 베란다 외부 샷시 창까지 다 한 것인지….

단독 주택 매매

01 지번: 지번 물어보고 다음 지도 열어 놓고 매수 의뢰인과 함께 위치를 확인해 보면서 대화 나누면 좋다.

02 매매 대금: 매매 희망 금액을 물어보고 3억이라고 하면 이런저런 얘기를 나누다가 마지막에 다시 한 번 물어본다. "사장님 꼭 받을 금액이 얼마세요?" 그러면 "2억 7천은 받아야지요." 또는 "그거 꼭 받을 금액을 말한 거예요. 3억 밑으로는 안 팔지." 한다. 물어보는 이유는 파는 사람은 조금이라도 더 받고 싶기 때문에 일단은 높은 금액을 말하기 때문이기도 하고, 매도 의뢰인의 성향을 파악해 보기 위해서이기도 하다.

03 채권 최고액: 대출 금액도 물어본다. 등기 사항 증명서를 발급받아 보면 정확하게 알 수 있지만 중개를 성공하지 못하는 경우가 많기 때문에 돈을 들여 일일이 다 발급받을 수가 없다.

04 대지면적, 연면적: 매도 의뢰인이 알려주긴 하지만 대부분 정확하지 않다. 본인들도 정확하게 모르는 경우가 많아 바쁘지 않으면 일사편리에 접속해 함께 대화 나누며 확인하고, "68평이네요" 하고 정확하게 알려주자. 그럼 매매 금액도 조금 조정할 수 있다(단독 주택들은 30년 전후에 건축된 것이 대부분이라 땅값으로 계산을 많이 한다).

05 구조: 주인 세대가 몇 층에 있는지, 방과 화장실은 각각 몇 개인지 알아본다.

06 세입자: 주인 세대 외에 임차인들이 거주하고 있다면 임차인들의 보증금과 월세 금액을 확인한다.

07 난방 종류: 도시가스, 심야 전기, 기름보일러, LPG 등 다양하다.

08 리모델링 정도: 어르신들은 도배, 장판만 해놓고도 리모델링 다 했

다고 하는 분들이 많으니 현장을 방문해서 직접 확인하는 것이 좋다(위의 아파트 리모델링 부분 참고).

09 위반 건축물: 단독, 다가구 주택에 많다. 이것 역시 현장을 방문한 후 직접 확인한다.

10 이사 날짜: 이사 날짜는 기본 중의 기본이다.

11 연락처.

다가구 주택, 상가 주택, 다중 주택 매매

지번, 매매 금액. 연락처는 기본으로 하여 단독 주택을 참고하고 몇 가지 더 체크할 사항들이 있는데, 물건 접수받을 때보다 계약할 때에 더 중요한 부분들이므로 여기서는 간단히 짚어보고 가자.

01 옵션이 동일한가: 계약서 작성할 때 정확하게 확인하면 된다.

02 리모델링된 상태가 동일한가: 10년이 넘었다면 리모델링을 했는지 가볍게 물어보고 지나가자. 계약 시는 정확하게 확인한다.

03 위반건축물 여부: 이것도 현장 갔을 때 확인해보고 매매 계약할 때 확실히 확인하면 된다.

상가 건물 매매

지번, 매매 금액, 연락처는 기본이고 추가로

① 어떤 업종이 입점해 있는가?

② 채권 최고액은 얼마나 설정되어 있는가?

③ 입점해 있는 호수마다 보증금, 월차임대료는 얼마인가?

④ 불법 확장한 곳이 있는가? (현장에서 확인하고 의뢰인이 매수 의사를 보일 때 물어봐도 됨.)

상가는 건물 수익률로 매매가 된다. 청주는 5% 이상 되어야 매매 가능성이 높다. 접수하면서 수익률을 계산해본다.

"사장님 수익률이 연 3%로밖에 안 돼서 이 금액은 좀 힘들 것 같은데요. 상가는 수익률로 매매가 되거든요. 그래도 5%로는 돼야 하는데요. 손님 붙으면 가격 조절은 좀 해주셔야겠어요."

> ✎ 다가구 주택, 다중 주택, 상가 주택, 상가 건물은 수익률이 중요하다.
> (본인이 중개업 하는 지역마다 조금씩 다를 수 있다. 수도권은 3%로도 괜찮다고 한다.
> 수도권은 시세차익을 더 많이 노리기 때문이다.)

이렇게 확인해야 할 것이 많으니 정신 똑바로 차리지 않으면 한두 개 깜박하는 일은 다반사다. 메모해 놓고 빠트리지도 않도록 한 번에 해결하자.

전세 물건 접수받기

01 아파트 전세는 간단하다.

① 동 호수

② 전세보증금은 얼마인가?

③ 이사 날짜가 언제인가?

④ 집의 상태는 어떠한가?

⑤ 채권 최고액이 있다면 얼마인가? 설정된 금액은 임차인 보증금을 받아 상환 말소할 것인가? (전세는 이 부분 확인이 가장 중요하다. 상환 말소 조건이 아니면 중개하지 말자.)

⑥ 연락처.

02 다가구 주택, 다중 주택의 전세 물건은 권리 분석을 철저히 해야

한다.

채권 최고액과 현재 보증금 총액을 반드시 확인해야 한다. 나의 경우 채권 최고액과 선순위 보증금 총액이 건물 매매 가격의 60%를 넘으면 중개하지 않는다. 주변 중개사들 중에는 70%까지는 안전하다고 말하는 중개사도 있는데 그건 본인이 기준을 잡으면 좋겠다. 가끔 경매되어 소송에 휘말려 힘들어하고 손해배상 해주는 중개사들이 왕왕 있다.

전세의 중개 보수는 탐내지 말고 정확한 것만 하자. 처음 개업하는 초보 개공들이 계약 욕심 때문에 휘말리는 경우가 많다. 처음부터 제대로 접수받아 중개 대상이 되는지 판단해야 한다. 정확한 권리 분석을 제대로 해놓지 않고, 전세를 찾는 임차 의뢰인이 방문하니 안내하고, 임차 의뢰인이 계약하겠다고 하면 그때 채권 최고액과 선순위 보증금을 확인하는 것은 안 된다. "손님! 설정된 금액이랑 선순위 임대보증금이 너무 많아 입주하면 안 되겠네요." 하는 상황은 만들지 말자.

나도 처음엔 그런 실수로 인해 민망했다. 괜히 헛걸음하고, 임대인에게는 금방 계약할 것처럼 물어보고 "불안해서 못 들어가겠다네요." 하고 말할 수도 없어 "조금 더 생각해보겠다고 하네요." 하며 딴소리를 하기도 했다.

그렇게 귀한 전세 물건이 내게 운 좋게 접수됐다면 좋아하기 전에 권리관계부터 꼼꼼히 체크해 보자. 주변에 오래된 선배 개공들이 계약하지 못하고 나에게 기회가 왔을 때는 뭔가 다른 문제가 있는 건 아닌지 의구심을 가져보자.

사실 처음에는 임대인에게 권리관계를 꼬치꼬치 물어보는 게 너무 힘들었다. 임대인에게 "너 빚이 얼마나 있는 거야?" 하고 물어보는 것 같아 임대인이 불쾌해 하지 않을까, 화를 내지 않을까 조심스러웠기 때문이다. 하지만 당당하게 물어봐야 한다. 그런 질문을 불편하게 여기며 짜증 내는 임대인이 있다면 이때는 임대인에게 설명하고 선택하게 해야 한다.

"사모님 지금의 법은, 취약한 세입자 보호를 위해, 임대 계약을 하는 경우, 임대인은 선순위 임대보증금을 임차인에게 정확하게 알려줘야 하고, 계약서에 명시도 하게 되어 있어요. 그러니 제게 말씀을 해주셔야 임차인에게 안내하고, 임차인도 계약 체결 여부를 결정할 수 있거든요. 사모님께서 협조해주지 않으시면 저도 중개할 수 없습니다."

전세는 정확하지 않으면 중개하지 말자. 정확한 정보가 중개 사고를 막을 수 있다.

원·투룸 월세 / 단독 주택 월세

다가구 주택의 월세 임대차는 보증금과 월세로 구분되는데 청주의 경우 99%는 월차임에 수도요금, 인터넷, TV 수신료, 공동 전기료, 정화조 요금이 모두 포함(단독 주택, 집합건물은 아님)되어 있어 본인이 사용하는 전기 요금과 난방비만 별도로 납부하면 된다.

그런데 간혹 예외인 경우가 있어 중개 실수를 하게 된다. 당연히 다 되는 줄 알고 입주시켰는데 인터넷도 안 되고 수도 요금도 별도로 납부해야 한다고 하면 분쟁이 된다. 물건 접수 시 물어보는 게 좋다.

동일한 지역에서 1년 정도 임대를 하다 보면 대부분 파악되므로 처음엔 열심히 물어봐야 한다. 단독 주택은 대부분 안 된다고 생각하면 된다.

상가 임대 물건 접수 받기

상가 임대는 그 건물에 어떤 업종이 입점해 있는지 확인해야 한다. 도의상 한 건물에 동일한 업종을 임대하지 않기 때문이다. 메모도 안 해 놓고, 또는 현장에 가서도 위치나 임대 나온 물건 상태만 파악하고 생각 없이 그냥 오는 경우가 처음에는 많다.

예를 들어 미용실 찾는 손님이 왔는데 좋은 상가 있다고 물건지로 안내했는데 바로 옆에 미용실 있으면 서로 민망한 상황이 생긴다. 그리고 건물이 큰 경우에는 교통 환경 유발금 등을 별도로 부담해야 하는 금액이 있으니 물건 접수받을 때 임대료가 보증금 3,000에 월차임이 100만 원이라고 하면, 이외 별도로 부담해야 하는 것이 있는지, 관리비, 부과세, 정화조 요금 등이 있는지 확인해 봐야 한다.

01 임대료 보증금과 월차임은 얼마인가?

02 임대할 부분의 면적은 어떻게 되는가?

03 몇 층에 위치해 있는가?

04 관리비 유무 관리비가 있다면 관리비에 포함된 사항들은 무엇인가?

05 부과세 별도 유무.

06 이외 추가 부담금 유무.

07 권리금 유무와 금액.

08 기존 설치된 시설의 내용.

09 공실 상태라면 직전 업종.

10 연락처.

또 하나 주의할 점은 시설 권리금을 받으면서 계약 후 쓸 만한 물건을 슬쩍 가져가기도 한다. 그래서 인수인계하는 품목을 메모해 놓고 현장에 가면 사진을 찍거나 동영상 촬영을 해놓으면 좋다.

토지

토지는 지번과 매매 금액만 물어보고 그 외 정보 사항은 중개사가 루리스에 접속해 지목, 면적, 지역, 지구, 구역 등을 메모해 놓자. 다음 또는 네이버 지도에 접속한 후 위치도 보고 지적편집도를 보고 맹지 여부, 인접 도로 폭, 새로운 개발 행위의 가능 여부를 대략적으로라도 알고 있으면 고객 응대할 때 좋다(계약 진행 시는 정확하게 관할 시군구에 문의해 확인해야 한다).

토지를 중개할 때는 매수 의뢰인의 매수 목적이 무엇인지 꼭 물어보자. 가장 중요한 것은 허가 유무다. 중개사가 대략적인 것을 안내하고 계약을 하겠다고 하면 매수 의뢰인에게 부동산에서 알아본 바로는 이러이러하지만, 본인이 용도에 맞게 사용할 수 있는지 한 번 더 확인하고 계약하도록 해야 한다.

도시에 있는 대지야 크게 문제 될 것이 없지만 논밭 등의 개발 행위를 할 때는 복잡하다. 건축과에서는 진입로 확보만 되면 허가된다고 하지만 도시개발팀에서의 기준, 환경과에서의 기준, 농정과에서의 기준이 모두 다르기 때문이다. 인허가 사항은 건축설계 사무실이나 토목설계 사무실에 의뢰해 보고 오라고 하자. 사전 심사를 하는 게 가장 완벽

하긴 한데 소유자들이 잘 해주지 않는다.

이렇게 매물 접수를 받았다면 마지막으로 해야 할 일이 있다. 매매 이후 계획은 어떻게 되는지 물어보자. 작은 집으로 가려고 한다, 시골로 갈 계획이다, 아내가 아파트에서 살고 싶어 해서 아파트로 가려고 한다, 또는 아파트가 답답해서 주택으로 갈 거다, 아니면 월세 나오는 다가구를 사겠다, 다가구 중에서도 엘리베이터 있는 다가구를 매입하겠다 등의 계획을 말한다면 이때 "그것도 제가 도와 드리겠습니다." 한다. 어르신들 같은 경우는 "혹시 파실 땅 없으세요?" 하고 물어도 보자. 그럼 "그렇지 않아도 시골에 땅을 팔려고 내놨는데….." 하기도 한다.

광고는 어떻게 해야 하는가

(1) 원투룸, 쓰리룸 전세, 임대 광고 올리기

이렇게 접수받은 물건은 광고를 해야 한다. 요즘은 사무실을 직접 방문하는 손님이 50%, 광고를 보고 문의한 후 방문하는 손님이 50%다. 그래서 여기저기 광고도 열심히 올려야 한다.

원룸, 투룸, 오피스텔, 도시형 생활주택의 임대 수요자는 대부분 젊은 직장인이 많다. 젊은 층들은 90% 이상이 인터넷 검색을 통해 물건을 찾기 때문에 사무실 방문은 거의 없다.

그래서 원·투룸 임대 물건이 접수되면 물건지로 달려가 사진을 찍어 한방, 다방, 직방에 올린다. 처음엔 일일이 접수되는 물건을 찍으러 다니고, 사무실에 들어와 정리해서 광고 올리는 게 힘들긴 하지만 월세는 계약 기간이 1년이다. 한번 찍어 놓은 물건 사진은 다음 공실 시 재사용할 수 있는 장점이 있다. 다가구 주택은 2층과 3층이 동일한 경우가 많아 한 건물에 원룸, 투베이, 투룸 사진을 한 장씩 찍어 놓고 활용하면 된다.

> ✏️ **원룸, 투베이, 투룸의 차이**
> • 원룸: 방 하나에 화장실, 주방, 베란다가 있는 것(분리형: 주방과 방 사이에 중문이 있음. 오픈형: 중문 없음)
> • 투베이: 방이 하나 있고 거실 겸 주방, 화장실, 베란다가 있음.
> • 투룸: 방이 2개 있고 거실과 주방 공간, 화장실, 베란다가 있음.
> • 베란다는 없는 것도 많으니 확인이 필요함.

(2) **집합건물**(아파트, 오피스텔, 도시형 생활주택)

집합건물도 젊은 층은 인터넷으로 검색하는 경우가 많아 다음, 네이버 부동산, 지역마다 운영하는 부동산 사이트를 통해 광고한다. 젊은 친구들은 블로그를 활용해 많은 성과를 내기도 한다.

(3) **단독 주택, 다가구 주택, 상가 주택, 다중 주택 등**

이 물건은 연세 드신 분들이 찾기 때문에 지역 광고지인 가로수, 교차로, 벼룩시장 쪽을 활용하고 인터넷 광고도 활용한다. 특히 요즘 가장 핫한 것은 유튜브다. 청주도 다가구, 단독, 다중, 상가 건물은 유튜브 방송을 통해 거래가 많이 된다.

(4) **상가**

공실인 상가는 상가 유리창에 '상가 임대 문의'라고 붙여 놓거나 건물에 현수막을 게시하는 것이 가장 **빠르다**. 현수막 게시는 임대인 동의하에 해야 한다. 상가 임대 물건을 임대인에게 직접 접수받았거나 또는 공실인 상가를 중개사가 알게 되었다면 임대인에게 "사장님, 건물에 현수막 하나 걸게요." 하고 빨리 끊자. "사장님 건물에 현수막을 게시해도 괜찮을까요?" 하는 상대방의 동의를 구하는 언어는 쓰지 말자. 그러면 대부분 걸지 말라고 한다. 얼떨결에 그냥 지나가 버리게 해야 한다. 그럼 빠른 시간 내에 제작해서 게시한다.

비용을 부담하면 현수막 제작하는 곳에서 제작도 해주고 게시도 병행한다. 영업 중인 상가는 불가능하므로 지역 광고지나 인터넷 광고를 활용한다. 상가도 젊은 층은 블로그를 통해 높은 성과를 내고 있다.

(5) **토지**나 창고, 공장 등도 인터넷 광고나 지역 광고지 등에 올리고 현수막 설치도 많이 한다.

이외에도 광고 매체는 너무 많다. 그 지역마다 사용하는 광고 매체도 있으니 잘 찾아서 활용하여 사업에 많은 도움이 되기를 바란다.

요즘 중개 시장은 예전과는 많이 다르다. 사무실을 차려 놓고 앉아서 고객을 기다리는 시대는 지났다. 물건 접수되면 사진 찍는 것은 기본이고 광고 올리고 상담 전화 오면 사무실까지 방문할 수 있도록 전화 응대도 잘해야 한다.

젊은 중개사들은 광고는 기본이고 블로그나 유튜브 방송을 통해 활발하게 움직이고 있다. 요즘 중개업에서 성공하려면 이것이 필수이다. 열정적으로 하는 젊은 중개사들을 보면 부럽기도 하다. 여러분들도 도전하기 바란다.

CHAPTER 07

현장 방문 시
유의 사항(화법)

매도·매수 의뢰인에게 미리 당부해야 할 사항

(1) 매도 의뢰인에게

겨울이면 집에 들어가는 순간 따뜻한 느낌이 들도록 미리 보일러 온도를 올려놓으라고 한다. 여름이면 시원하게 에어컨을 틀어 놓으라고 하는 게 좋다. 집 안에 들어갔을 때 따스한 느낌, 시원한 기분 이런 것도 중요하다. 겨울인데 방바닥이 차갑거나 집안 공기가 너무 냉랭하여 한기가 느껴지거나 여름인데 집 안에 들어가니 푹푹 쪄서 숨이 막힐 것 같고 땀이 줄줄 흐른다면 그 집에 오래 머물고 싶지가 않다. 그러니 사고 싶은 마음은 더더욱 없어지는 것이다. 그리고 한마디 더 하자.

"사모님 혹시, 오늘 모시고 간 손님이, 집이 맘에 든다고 사모님께 얼마까지 해줄 수 있느냐고 물어볼 수 있거든요. 그러면 중개사님한테 다 말해 놨으니 중개사님과 얘기하라고만 하세요. 혹시 제가 한 말과 사모님 하시는 말씀이 다르면 안 되니까요."

이런 대답이 가장 깔끔하다. 주인분과 매매가로 실랑이하다 기분 상해서 틀어지기도 하고 매수 의사도 없으면서 살 것처럼 쓸데없는 신경전을 펴는 고객들이 있기 때문이다.

(2) 매수 의뢰인에게는

"사장님, 가셔서 맘에 안 드는 점 있으셔도 아무 말씀 마시고 그냥 집 잘 봤다고만 하고 나오세요. 거실이 너무 작네, 환기가 잘 안 되는 구조네, 리모델링을 다 해야 되겠네 등 안 좋은 말씀은 하지 마세요. 집주인 기분 나빠하세요. 세상에 어떤 집주인도 자기 집 나빠서 판다는 분은 안 계시거든요!"

가끔 물건지에서 이것저것 트집 잡는 고객들 때문에 등에 식은땀이 흐를 때가 종종 있다. 속지에 있는 집이라도 집주인은 조용해서 살기가 얼마나 좋은지 모른다고 한다. 내 집이 이래서 나쁘고 저래서 나쁘다고 하는 사람은 거의 없다. 그리고 한마디 더 말한다.

"사장님 집 보러 가셔서 집이 맘에 쏙 들어도 너무 맘에 드는 티는 내지 마세요. 그러면 엄청 맘에 들어 한다고 생각하고 조금도 안 빼주려고 해요. 혹시 궁금한 것이 있으면 물어보시고 그냥 잘 봤다고만 하고 나오세요."

의뢰인과 집 보러 가는 시간을 잡을 때

요즘은 집에 있는 사람들이 많지 않다. 그래서 매수 의뢰인이 갑자기 오면 집의 내부까지 보기가 어렵다. 그래도 그냥 보낼 수는 없으니 모니터 화면에 로드뷰를 띄워놓고 위치나 외관을 본 후 밖에서라도 보여주기 위해 현장으로 이동한다.

밖에서 보며 대략적인 설명을 해주면 마음에 든 경우 내부를 보고 싶다고 하는데, 그때 소유자와 시간 약속을 잡으면 된다. 그러면 가능한 시간이 언제인지 물어보고 집주인도 동일한 시간에 가능한지 통화한 후 연락 주겠다고 하고 보낸다.

광고를 보고 집을 보러 오겠다고 하는 경우도 미리 시간 약속을 하고 오게 되는데, 그 집을 언제 보여줄 때 가장 좋을지 중개사는 생각해 봐야 한다.

매수 의뢰인들은 대체로 방향을 많이 따지고 햇살이 잘 들어 오는 집을 선호한다. 그래서 동향집이면 오전 10시쯤으로, 서향집이면 오후 2~3시경이 좋다. 또한 아이들이 있다면 아이들이 없는 시간에 약속하는 편이 좋다. 아이들이 있으면 다소 어수선하고 산만하게 느낄 수 있고 집도 어수선한 느낌이 든다.

집 바로 앞이나 옆에 놀이터가 있으면 오전에 가자. 오후에 아이들이 학교 다녀와 소리치며 뛰어다니는 것 보면 시끄럽다고 싫어하는 사람도 있다.

주변에 식당이 있으면 영업 시작하기 전에 방문하는 것이 좋다. 음식 냄새난다고 싫어하기도 하고 시끄럽다고 느끼는 사람도 있다.

골목 안쪽 집이면 반드시 환한 대낮에 가자. 해가 넘어갈 때면 인적도 없고 음산하기까지 하다. 가끔 퇴근하고 온다고 하면 집은 낮에 보는 것이지 밤에 보는 것이 아니라고 하며 주말에 만날 것을 권하자. 중개에도 상황에 맞는 노하우가 있다.

의뢰인(고객·손님)과 현장에 갔을 때

첫째, 매수 의뢰인과 현장에 갈 때부터가 중요하다. 중개사는 그 지역을 훤히 알고 있기에 평소 본인이 다니는 길이나 지름길로 가기 위해 골목길로 안내한다. 그러나 의뢰인과 함께 갈 때는 큰길로 가야 한다. 큰길에서 가장 가까운 곳으로 들어가야 한다. 의뢰인이 보고 마음에 들었다면 중개사에게 말하지 않고 본인이 남편이나 자녀를 동반하거나 혹은 친구와 재차 방문한다. 이때 대부분은 중개사가 갔던 길로 되짚어가는데, 골목길로 갔다면 함께 온 사람들이 너무 깊이 들어왔다는 둥 한마디 하면 계약 성사가 어렵다.

둘째, 현장에서 어떻게 대처했는가에 따라 차후에 일어날 수 있는 분쟁을 막을 수 있다. 작은 문제점이라도 발견되면 "사모님 이건 왜 이런 건가요?" 하고 현장에서 바로 확인하는 것이 좋다.

나의 경우 집을 보러 가면 매도인과 매수인을 인사시킨 후 바로 당사자 모두 듣게 이렇게 말한다. 이때 약간의 미소를 지으며 장난스럽게 너스레를 떤다.

 "사모님 꼼꼼하게 잘 보세요. 계약서 쓰고 나서 여기저기 잘못된 부분이 있다며 가격을 낮춰 달라, 고쳐달라 하는 거 아무 소용 없어요. 돈 건너가면 끝이에요. 부동산은 본인 눈으로 직접 보고 확인한 후 결정했기 때문에 그래요. 보시다가 이상한 점 있으면 바로 말씀해주시고요."

그럼 매수 의뢰인도 "그렇긴 해" 하면서 수긍한다. 집주인에게는

 "그리고 사모님도 집에 문제 있는 것 있으면 말씀해 주세요, 지금 육안으로 확인할 수 없는 건 말씀해 주셔야 나중에 분쟁이 생기지 않거든요." (슬며시) "혹시 누수나 다른 하자는 없나요?"

중대한 하자가 없는 경우에는 "우리 집은 그런 건 없어요. 곰팡이도 하나 없는 집인데…." 하며 본인 집의 장점을 쏟아낸다. 하자가 있는 경우는 그 하자에 대해 "사실 이런 문제가 있다."라고 말한다. 하자가 있다고 매매를 할 수 없는 것은 아니다. 매수인에게는 오히려 기회가

될 수 있다. 매도 의뢰인이 하자가 있는 부분을 말하면 중개사는 대수롭지 않다는 듯 이렇게 말한다.

"주택 오래되면 다 그렇죠. 영원한 게 뭐가 있어요? 사람도 그렇고 자동차도 그렇고 다 손보면서 사는 거죠. 여기 사모님께서 매입하시면 수리비조로 금액이나 좀 잘해주세요."

매매를 진행하면서 생길 수 있는 가장 큰 문제가 **누수, 곰팡이, 위반건축물**이다. 매수 의뢰인이 맘에는 드는데 곰팡이 때문이라고 하면,

"사모님, 요즘 자재들이 얼마나 좋은데요! 어차피 이사 오려면 도배, 장판하고 손도 좀 봐야 하잖아요. 그때 그 부분을 특별히 신경 좀 써달라고 하세요. 단열재도 넣어 달라고 하고요. 사모님이 말씀만 하시면 그분들이 더 잘 알아서 해줄 거예요. 그 사모님이 그 방은 안 쓰니까 보일러도 잠가놓고 환기도 안 시켜서 그런 것 같은데 사실 곰팡이는 관리상의 문제가 원인인 경우가 많거든요. 집 사면서 그런 것까지 문제 삼으면 집 못 사요."

"사모님한테는 좋은 기회네요. 저걸 문제 삼아 500만 원 깎아달라고 하면 좋겠어요. 수리 비용은 100만 원이면 충분할 것 같은데요."

누수 역시도 그렇다. 누수가 있다고 하면 "그럼 그건 사모님이 수리해 줄 건가요? 아니면 여기 사모님한테 수리하라고 수리비를 매매 금액에서 차감해줄 건가요?" 하고 물어보며 서로 협의한다.

> ✒️ 곰팡이가 코너 쪽이나 하단 부분에 생기는 것은 대부분 관리상의 문제일 가능성이 높고 어느 한 면이 전체적으로 생겼다면 누수일 가능성이 높다고 한다.

여기서 잠깐! 현관(대문) 안으로 들어서기 전에 매수 의뢰인에게 당부할 말이 있다. 혼자 오지 않고 2~4명, 많게는 다섯 명까지 오는 경우가 있는데 이럴 때 주의해야 할 사항이다.

 "지금 안으로 들어갈 텐데요, 여러 분이 오셔서 주인분이 당황할지도 몰라요. 그러니 들어가서 제가 안내하는 대로 함께 움직여 주세요. 개인적으로 혼자 이 방 저 방 들어가시면 안 됩니다. 가끔 귀중품 없어졌다고 오해하는 분들도 계세요. 정말 그런 일도 있고요. 서로 오해할 일은 만들지 않는 것이 좋잖아요? 협조 부탁드립니다."

사실이 그렇다. 중개사는 한 명의 매수 의뢰인과 주방에 있는데, 한 사람은 안방으로, 한 사람은 작은방으로, 베란다로 가서 살펴보면 긴장이 된다. 그리고 어수선하고 정신이 없다. 그럴 경우 "사모님 이쪽으로 오셔서 함께 봐요. 빈방에 혼자 들어가시면 안 돼요." 하고 불러내야 한다.

집 안으로 들어서는 순간 거실이 눈에 들어왔으니 거실부터 보면서 그 집의 장점을 찾아가며 설명을 한다. "거실이 아주 넓네요." 등과 같이. 그리고 안방, 작은방, 주방, 화장실 순서로 안내하며 설명을 하거나 아니면 방향을 잡아 들어가서 왼쪽부터, 또는 오른쪽부터 순서대로 안내하며 설명을 하면 된다. 주방을 안내 할 때는 수압이 어떤지 확인도 해 보고 화장실을 안내 할 때는 변기물도 한번 내려보자.

리모델링된 집이라면

"이 집은 리모델링한 지 5년 됐어요. 그래서 크게 손 볼 곳은 없을 거예요. 보시다시피 문짝, 신발장, 몰딩, 샷시, 싱크대까지 모두 교체됐고요, 화장실도 새로 공사를 했어요. 화장실 바닥에는 줄눈 시공까지 했고요. 베란다 타일도 교체 공사했고, 베란다에는 탄성 코팅까지 되어 있습니다. 장판도 워낙 좋은 걸로 되어 있어서 도배 정도만 시공하고 들어오시면 될 것 같아요."

타일에 실금이라도 간 게 있으면 "사모님 여기 금이 갔네요(타일이 깨졌네요, 타일이 터졌네요). 사실 타일로 시공된 곳은 신축 아닌 이상 타일 손상은 거의 있다고 봐야 해요." 하고 말하며 확인시켜 줘야 한다.

옆의 도배지 색과 다른 흔적이 보일 때는 "사모님 여긴 왜 이런 거죠? 누수가 있었나요?" 하고 물으면 "네, 작년 장마철에 누수가 있었어요. 그런데 가을에 옥상 방수하고 괜찮아요." 또는 "2층 부엌 배수관 쪽에 문제가 있어서 수리하고 괜찮아요." 등의 이야기를 해준다.

의뢰인과 함께 문제점에 대해 함께 편안하고 자연스럽게 이야기를 나누자(신축 아닌 이상 이런 문제 없는 집은 없다).

문짝 등 코팅지가 벗겨진 것을 보면 "오래 사용해서 코팅지가 벗겨졌네요. 리모델링한 지 한 10년 됐나요?." 하고 자연스럽게 물어본다.

"사모님, 살면서는 수리하기 힘드니까 사모님은 아예 문짝 교체까지 하면 좋겠네요."라고 대화를 나눠 인지시켜 주는 것이 좋다.

문틀이 조금 손상된 것은 이렇게 말하자. 지저분하기만 하면 "프레임은 튼튼해서 페인트칠만 하면 깨끗하겠네요." 한다.

전등이 빠져 있거나 흐릿하거나 고장 나 있는 경우는 "사모님, 사모님은 이 집 사게 되면 전등은 LED등으로 바꾸세요."

창문이 잘 안 열리면 매수 의뢰인이 열어보고 부드럽게 열리지 않는 것을 중개사가 옆에서 지켜봤다면 "창문에 약간의 문제가 있나 봐요. 이것도 수리 좀 해야겠네요." 한다.

공실인 집을 볼 때도 싱크대의 수압 체크나 화장실 변기 물 내려보는 것 잊지 말자.

문제 될 만한 것들은 꼼꼼히 확인해야 하지만, 너무 디테일하게 하다 보면 중개할 만한 물건이 없으니 상황에 따라 잘 대처하자.

추후에 미처 체크 못 한 부분으로 매수 의뢰인이 문제를 제기하면 "오래된 집들이 대부분 그렇거든요. 그래서 수리비로 깎아주는 거구요." 하고 그게 무슨 문제가 되느냐는 듯이 넘어가자. 대부분 수긍한다.

> 🖊 대화를 나눌 때는 매수 의뢰인이 이걸 계약한다고 생각하고 말해야 한다.

위반 건축물이 있는 경우, 특히 단독, 다가구, 상가 주택에 많다. 건축할 때 사용 승인된 것이 아니라면 모두 위반 건축물이라고 보면 된다(차광막. 판넬로 시공된 것들). 그리고 건축물대장의 호수와 실제 호수가 일치하는지도 확인해야 한다. 이 부분도 매수인이 인지하고 인수하기로 한다고 해야 한다.

 "사장님 여긴 창고를 만들어 놓으셨네요?"

"그거 만드느라고 돈이 얼마나 많이 들었는데요. 이것저것 지저분한 거 거기 죄다 갖다 놓으니 얼마나 좋은지 몰라요."

"그렇죠. 근데 사실 이게 불법이긴 하죠. 호호"

"그렇긴 하죠. 근데 주택이 이런 공간 만들 수 있어서 좋은 거지. 그렇게 따지면 안 그런 집이 어디 있어요?"

"그렇긴 해요."

이렇게 자연스럽게 대화를 이어가며 위반건축물에 대해 매수인에게 인지를 시켜주어야 한다. 갑자기 계약서 작성 중에 위반건축물을 인수하느니 하는 단어가 나오면 매수인이 놀랄 수 있다. 계약서 작성하면서 특약 사항을 주~욱 읽어 내려가다가

"뒤쪽 창고는 매도인이 임의 설치(불법)한 것이며 매수인이 현장을 방문하고 확인한 것으로 매수인이 인수하기로 한다." 하고 "아, 그때 그 뒷마당에 창고 만들어 놓은 것 있죠. 그거 말하는 거예요."

매도 의뢰인이 너무 앞서갈 때

매수 의뢰인과 함께 집을 보러 가면 가끔 이런 매도 의뢰인이 있다. 본인 집의 장점을 묻지도 않았는데 끝없이 말하는 경우다. 조용해서 살기 좋다, 교통이 좋다, 시장이 가깝다, 햇볕이 주방 끝까지 들어와서 난방비도 적게 든다, 이건 이중창이다, 리모델링은 5천을 들여서 했다, 벽을 빙빙 둘러가며 좋은 단열재로 다시 했다는 이야기들…. 이쯤 되면 집 못 팔아서 안달난 사람 같아 보인다.

사실 집을 방문했을 때 집주인의 장황한 설명은 오히려 집중도 안 되고 어수선하기만 하다. 매수 의뢰인들이 집을 보고 나와서 하는 말이 "그렇게 좋으면 천년만년 살지 왜 판다야?"라고 한다.

이런 경우 다음에 손님과 갈 때는 시간 약속 잡으면서 넌지시 말해 둔다.

"사모님! 사모님 집 좋은 것은 잘 알아요. 그런데 지난번 손님과 방문했을 때 여기 좋다 저기 좋다 너무 그러셔서 그분들이 집을 엄청 급하게 팔아야 되나 보다 하시더라고요. 이번엔 그러지 마세요. 그러면 집 사러 온 사람들이 빨리 팔아야 하는 줄 알고 가격을 마구마구 깎아 달라고 해요. 그냥 무심한 듯, 팔아도 그만 못 팔아도 그만인 듯하고 계시는 게 좋아요. 그러다 제가 여쭤 보는거 있으면 대답해 주시면 되고요."

현장에서 구조를 보며

의뢰인이 계약하겠다고 생각하는 경우 이삿짐은 어디로 들어오며 사다리차는 어디다 세워야 하는지 물어볼 것이다. 속지 집 외에는 주인 세대가 도로와 인접해 있다. 그러나 주인 세대 외 임차인이 거주하는 방은 문제가 될 수 있다.

도시의 집들이 대부분 다닥다닥 붙어 있기 때문에 이것 역시 방법을 찾아봐야 한다. 사다리차 세울 곳이 없다면 계단을 통해 옮겨야 한다. 인건비가 좀 더 들긴 하는데 방법이 없는 것은 아니다.

임차 의뢰인이 문이 작아 장롱이 들어가지 않을 것 같다, 세탁기가 들어가지 않을 것 같다는 말을 하면 "들어가니. 걱정하지 마세요." "이 게 왜 안 들어가겠어요?"라는 말을 중개사는 하지 말자. 들어가지 않을 수 있다. 이런 걱정을 하면 "그것이 걱정되시면 줄자로 직접 재보시고 결정하는 걸로 하죠. 계약서 쓰고 걱정하시는 것보다 좋을 것 같아요." 라고 말하는 것이 좋다.

나의 경우 차에 5m용 줄자를 준비하고 있다. 무리한 계약 욕심은 후에 더 큰 문제를 낳을 수 있다.

왜 매매하는지 물을 때

집을 보러 가서 매수 의뢰인이 맘에 든 경우, 이 집을 왜 매매하려고 하는지 그 이유를 90% 이상 물어본다. 이때

> "우리 딸이 세종시 공무원인데 아기를 봐줘야 해서 어쩔 수 없이 파는 것이다."
>
> "신랑 고향으로 가야 해서 어쩔 수 없이 팔게 됐는데 떠나려니 너무 아쉽다."
>
> "이 집에서 20년을 살았는데 아이들도 다 대기업 들어가고 이제 다 나가다 보니 이제 작은 집으로 가려고 한다."
>
> "이 집 사서 이사 올 때만 해도 힘들었는데 이사 오고 나서 신랑하는 일도 잘되어 빚도 다 갚고 살만해졌다. 이 집은 복 있는 집이다."

이렇게 말하는 것은 좋은데, 가끔 이렇게 말하는 분들이 있어 민망할 때가 있다.

> "작년에 신랑이 죽었는데 혼자 살기도 싫고 아들이 아무래도 우울증인 거 같다고 걱정을 하네요. 이 큰 집에 혼자 있으니 아버지 생각도 나고 해서 그런 것 같으니 팔고 자기네 옆으로 오라고 해서 팔고 가려고요." (얼굴에 근심이 가득해서)

"하던 사업이 망해서 이제는 팔 수밖에 없어요. 이거 팔아서 정리하고 여기 뜨려구요. 여기 와서 잘된 게 하나도 없네요." (마치 울 것처럼)

 "남편이 암에 걸려서 공기 좋은 곳으로 가려고요." (아무 희망이 없다는 듯)

"아들 사업이 힘들어져서 좀 보태줘야 해서요. 그래서 이 집 팔아서 나는 작은 집 하나 얻어 가고 아들 보태줘야 해요." (한숨을 푹푹 쉬며)

나도 집 팔겠다고 내놓는 분들이 오면 꼭 물어본다. 왜 팔려고 하는지를.

 "이거 팔고 어디로 가시려고요?"

"이거 팔고 뭐 하시려고요?"

이때 위와 같이 말하는 분에게는 이렇게 말을 해놓는다.

 "어머니 제가 집 산다는 분이 계셔서 어머님 집에 모시고 갔는데 그분이 어머니한테 왜 파느냐고 물어볼 수 있거든요. 그럼 그때 할아버지가 작년에 돌아가셨네, 우울증이 온 거 같네… 그런 말씀은 마시고 그냥 여기서 평생 살고 싶은데 아이들이 혼자 있는 게 걱정된다고 자기네 집 근처로 오라고 해서요. 이렇게만 말씀하세요."

그때 중개사는 "자녀분을 잘 키우셨네요. 요즘 부모를 짐처럼 여기는 자식들도 많은데, 참 효자네요."라고 하든지 그냥 가만히 있든지….

머피의 법칙인지 이렇게 말해 주는 걸 깜박 잊었을 때 당황스러운 일이 생긴다. 나도 이 집에 들어오면 왠지 암이 걸릴 것 같고 폭삭 망할 것 같은데 누가 사고 싶겠는가 말이다. 우리나라 사람들은 기가 약한 것 같다. 안 좋다고 하면 다 도망간다. (나 역시ㅡㅡ)

언젠가 TV에 방영된 내용으로, 어느 집에 귀신이 있다는 소문 때문에 매매 금액이 많이 내려갔어도 매수인이 없었다. 그런데 어느 날 사업이 망해 오갈 데 없는 사람이 그 집 소문을 듣고 아주 저렴한 금액에 그 집을 매입하여 훗날 사업도 번창하고 가족 모두 행복하게 사는 모습이었다. 나도 기 센 여자가 돼 봐야겠다.

CHAPTER 08

고객 응대 및
클로징 방법(화법)

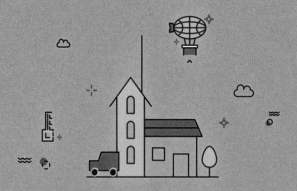

매매일 때 고객 응대 방법

초보 개공에게 가장 힘든 부분이 아닐까 생각한다.

기능적인 부분은 시간이 지나면 자연스럽게 습득할 수 있다. 그러나 의뢰인을 만나 마음을 읽고 원하는 것이 무엇인지 정확하게 파악하고 계약까지 성사시키는 것이 쉽지는 않다.

부동산 중개업도 서비스업이고 영업이다. 영업을 잘하는 화법이나 고객의 마음을 움직이는 기술은 그동안 시중에 출간된 많은 책에서 상대방의 말에 귀를 기울여 주고 상대방의 말에 깊은 공감을 하며 듣기 원하는 대답을 해주라는 것인데 부동산 중개 시장도 예외는 아니다.

의뢰인과 함께 집을 보러 가서

 "여기는 난방이 심야전기인데요…."

 "심야전기 좋지요."

 "그럼요. 심야전기가 좋지요, 난방비도 적게 들고 뜨끈뜨끈하게 살 수 있잖아요. 사장님은 심야전기에 대해 잘 아시네요."

만약 의뢰인이

"심야전기 안 좋은데… 여기는 그때 도시가스가 안 들어왔나? 심야전기는 안 좋아요."

"그렇죠. 심야전기는 안 좋다고 하더라고요. 한 집에서 온수 많이 쓰면 늦게 쓰는 집은 찬물이 나온다고 하더라고요. 사장님은 심야전기에 대해 잘 아시네요."

아파트를 구해 달라고 온 고객이

"주택에서는 못살아 아파트가 편하지."

"그럼요, 아파트가 좋지요. 눈이 오나 비가 오나 뭔 걱정이 있어요. 그래도 사장님은 여유가 있으신가 봐요. 퇴직하시고 관리비 부담돼서 아파트 처분하고 주택으로 오려고 하는 분들도 많은데요."

주택을 찾으며

"이제 아파트는 싫어. 어디 꼼짝달싹할 공간도 없고 답답해."

"그럼요. 주택이 좋죠. 문 열고 나오면 시원한 공기도 마시고, 특히 남자 분들은 퇴직하고 나면 주택에 사는 게 로망이잖아요. 눈 오면 눈도 쓸어보고, 빗소리도 듣고, 마당에서 삼겹살도 구워 먹고 사람은 땅을 밟고 살아야죠. 주택이 최고죠."

"여긴 지하실이 있네. 지하실 있으면 안 좋은데…."

"그렇죠. 지하실 있으면 신경 쓰이죠. 장마철에는 비 들어올까 싶기도 하고요. 사장님은 잘 아시네요. 예전에 집 많이 사고팔고 하셨나 봐요."

또는

"여긴 지하실이 있네, 이것저것 다 갖다 놓고 좋겠어."

"그렇죠. 어떤 집은 지하실에서 엑기스 같은 거 담아서 저장도 하고 잘 사용을 하더라고요. 이만 한 공간이 또 있으니 얼마나 좋아요?"

땅에 투자해야 한다고 땅을 사달라고 하면

"사장님 생각 잘하셨네요. 맞아요. 우리나라는 국토가 작아서 땅에 묻어두고 세월만 지나면 오르게 돼 있는 구조잖아요. 그러다 혹시 개발이라도 돼 봐요. 완전 대박이죠."

건물 사달라고 하는 의뢰인이 왔을 땐

"땅 사 놓으면 뭐해? 언제 오를지도 모르는걸. 상가 건물 사서 세라도 받아야지."

"사장님은 아주 현명하시네요. 그렇죠. 땅 사놓고 돈 필요할 때 팔리지도 않으면 애물단지가 따로 없죠. 땅 사 놓는 건 자식들 좋은 일만 시키는 거죠. 사장님이 일궈 놓으신 건데 사장님이 세라도 받아 쓰고 나중에 건물이야 자식들이 어떻게 하든 신경 쓸 필요 없잖아요."

또는

"나는 세 받아먹는 것도 싫어. 그게 얼마나 신경 쓰이는 건데…"

"그럼요. 남의 돈 받아먹는 게 쉬운 게 아니죠. 혼자 사는 게 젤로 속 편하죠. 사모님은 좋으시겠어요. 남들은 세라도 좀 받아서 생활에 보탬이 되려고 애를 쓰는데, 사장님 잘 만나셔서 평생 공주로 사셨나 봐요."

의뢰인이

"월세 나오는 집 좀 알아봐 줘요."

"잘 생각하셨네요. 요즘 퇴직한 분들이 많이 찾아요. 요즘 백세 시대라고 하잖아요. 월세 200 정도 나오는 다가구 사서 소일 삼아 관리하시면 건강에도 좋고요, 요즘 너무 편한 세상이다 보니 움직일 일이 없잖아요. 집 나오면 차 타고 걸을 일도 없고 일부러 운동을 일 삼아 해야 하는 세상이잖아요."

지금 사는 집이 커서 작은 곳으로 간다고 작은 집 구해 달라고 하면

"생각 잘하셨네요. 집만 크면 뭐해요? 잠이나 자러 들어가는 데를…."

큰 집을 찾으면

"생각 잘하셨네요. 없으면 몰라도 여유 좀 있으면 넓은 데서 사는 게 좋죠."

처음엔 신념을 가지고 이런저런 경우의 예를 들어가며 설명했지만 결국 다 떠나버린다. 그리고 다른 부동산 사무실에 가서 계약하는 것이다.

이 일을 하면서 알게 됐다. 대부분의 사람들은 어딘가에 꽂히면 주변에서 아무리 옳은 말로 조언을 해도 받아들이지 못한다는 것을. 대부분의 의뢰인은 자신이 원하는 것이 있다. 이 때문에 이제는 초긍정주의로 간다. 좋지 않은 물건을 권한다는 것이 아니라 고객의 생각에 토 달지 않고 고객이 원하는 것을 찾아준다는 것이다. 이것이 고객에게 100% 만족감을 주는 것이라는 걸 알았다.

– 사장님 말씀이 맞습니다.

– 어떻게 그런 생각을 하셨는지요. 참 대단하십니다.

– 정말 잘 알고 계시네요. 이 분야의 전문가 같습니다.

– 보는 안목이 탁월하십니다.

– 정말 좋은 선택을 하셨네요. 이쪽으로 잘 아시나 봐요.

– 저도 그렇게 생각합니다. 아주 현명하시네요.

– 저도 그런 생각까지는 못했는데 오늘 사모님께 많이 배웠네요.

이제는 나의 의견 나의 생각을 주장하지 않는다. 의뢰인의 생각이 나의 생각이고 의뢰인이 좋다고 하면 좋은 것이고 의뢰인이 나쁘다고 하면 나쁜 것이다.

위 대화 내용의 예시는 우리의 삶 속에서도 원만한 대인관계를 위해 필요한 부분이 아닐까. 영업에 필요한 화법이기도 하지만 진심으로 상대방의 생각과 말에 공감해주고 저 사람은 저렇게 생각하고 있구나 하고 상대방의 생각을 존중해 주며 서로의 다름을 인정하자는 것이다. 일반적으로 내 말이 옳고 당신 말이 잘못되었다고 하면 좋아할 사람은 없으니….

원하는 물건이 어떤 것인지 구체적으로 물어볼 것
매매인 경우

 "집을 하나 사려고 하는데요."

 "어떤 걸 찾으시는지요? 단독 주택이요?"

"네 단독 주택이요. 1층이 주인 세대면 좋겠어요."

 "금액은요? 얼마 선에서 찾으시는데요?"

 "2억이요."

 "이사는 언제까지 하셔야 하는데요?"

대부분 이런 식으로 대화가 시작되는데, 금액과 이사 날짜가 가장 중요하다. 구체적으로 들어가 보자.

구체적으로 물어보아야 할 것은 아래와 같다.

01 방은 몇 개를 원하는가? 화장실 개수는?

02 복층집을 원하는가?

03 확장의 유무.

04 마당의 유무.

05 정남향?

06 주택인 경우 주인 세대가 1층, 혹은 2층?

07 월세 포함 여부.

08 아파트인 경우 원하는 층수는?

09 버스 승강장과의 거리.

10 근처의 학군.

11 리모델링 유무.

원하는 물건이 무엇인지를 구체적으로 알아야 안내할 물건 선정도 바로 되고 불필요한 수고도 덜게 된다. 이런 세세한 정보 파악이 안 된 상태에서 현장으로 안내한 경우,

방이 세 개인 집으로 안내했는데

 "식구가 많아 방이 네 개여야 하는데요."

2층이 주인 세대인 집으로 안내하니

 "나는 주인집이 1층인 걸 원해요."

8층으로 안내했더니

 "15층 이상을 원해요."

확장된 집으로 안내하니

 "잡다한 짐이 많아 확장 안 된 걸 원해요. 베란다가 있어야 해요."

이러면 서로 헛수고 한 것이고, 매도 의뢰인 앞에서 민망하기도 하다. 시간 내서 집 청소까지 하고 볼일도 다음으로 미루고 있었는데, 매도 의뢰인도 짜증 난다. 일을 좀 더 효율적으로 하려면 정확하게 파악하고 시작해야 한다.

원하는 위치 알아보기

 "꼭 이 동네만 원하시는 건지요?"

하고 물었을 때 옆 동네도 괜찮다고 하는 경우가 많다. 교통만 좋으면, 아이 학교만 있으면, 시장만 있으면, 복지관만 가까운 곳에 있으면… 등.

이런 경우 내 물건이 없으면 옆 동네 중개사에게도 열심히 전화를 돌려 공동 중개도 한다.

자금 능력 알아보기

01 매입 금액은 어느 정도에서 생각하는가?

02 마음에 드는 매물이 있으면 대출을 조금이라도 받을 생각이 있는가, 보유하고 있는 금액 한도 내에서만 하려고 하는가?

03 매수 의뢰인이 보유하고 있는 현금이 얼마나 되는가?

위 세 가지를 꼭 물어본다.

어떤 중개사들은 대놓고 물어보기가 좀 민망하다고 하는데 몇 번 물어보면 괜찮아진다. 당연한 거니까. 가끔 의뢰인 중에는 대답하기 곤란해 하고 불쾌해 하는 분도 있긴 하다. 하지만 갖고 있는 금액을 정확히 알아야 권해줄 물건도 파악할 수 있으니 이럴 땐 이렇게 말한다.

 "3억짜리도 있고 10억짜리도 있는데, 정확한 금액을 말씀해 주셔야 그 금액대에서 가장 좋은 것을 보여드리죠."

중개사들이 염두에 둘 사항인데 의뢰인들의 눈은 항상 높다. 3억짜리 찾는 고객에게 3억짜리 보여주고, 5억짜리 찾는 고객에게 5억짜리 보여주면 만족하지 못한다. 3억짜리 찾는 고객에는 3억 5천짜리, 5억짜리 찾는 고객에게는 5억5~6천짜리 보여줘야 마음에 들어 한다. 그리고 금액 좀 다운시켜보라고 한다. 결국은 좋은 물건을 저렴하게 구입하고 싶은 게 고객들의 마음이다. 원하는 금액대에서 2~3개 보여주고 마음에 들어 하지 않으면 그 위 금액대의 것을 보여준다. 그럼 의뢰인의 속마음이 파악된다. 나는 3억 이상은 안 돼 히거나. 대출을 받아서라도 좀 좋은 걸 해야겠네 하는 등….

> ✒️ 아파트 단지 안에 있는 사무실은 예외일 수 있다. 동일한 물건들로 시세가 있으니까.

입주 시기 파악하기

 "이사는 언제까지 하셔야 하는 건지요?"

(1) 지금 살고 있는 집을 팔아서 두 달 안에 이사해야 한다

이때는 빨리 움직이자. 이런 손님은 놓치면 안 된다. 원하는 물건을 파악한 후 내 물건을 보여주면서 공동 중개 쪽으로도 빨리 움직여야 한다. 그런데 이렇게 갑자기 방문해서 집을 보여 달라고 하면 바로 보여줄 수 있는 집이 한두 개밖에 없다. 이럴 땐 이렇게 말하고 약속을 잡는다.

"사모님 요즘 집에 계시는 분들이 거의 없잖아요. 그래서 지금 보여드릴 수 있는 건 이것밖에 없네요(별로인 거라도 보여 줄 수 있는 게 있다면 한두 개는 보여주자. 내일을 위해서). 오늘은 이거 두 개 보시고 내일 몇 시쯤 오실 수 있는지 시간을 말씀해 주시면 괜찮은 집 일곱 개 정도 더 보여드릴 수 있는데, 내일 몇 시에 괜찮으시겠어요?"

광고하기 위해 찍어 놓은 사진이 있다면 보여주고 내일 꼭 올 수 있도록 해야 한다. 그래야 나의 사무실을 나가 다른 중개소로 발걸음을 옮기더라도 그곳에서 보여준 물건이 마음에 들어도 바로 결정하지 못한다. 내일 일곱 개를 더 볼 수 있고, 평생 살 집을 구하는데 볼 수 있는 건 다 보고 싶은 거다. 물론 내가 내일 보여줄 그 물건이 마음에 들지 안 들지는 모르지만 나도 한 번의 기회를 더 만들어 최선을 다해 보는 것이다.

매수 의뢰인들은 많은 집을 보기 원하지만 그렇다고 있는 물건을 다 보여 줄 수는 없으니 원하는 것과 가장 근사치에 달하는 것 5개 정도를 선정해서 보여주는데, 좋은 것 두 개, 별로인 것 두세 개만 보여준다. 그래야 비교를 하고 결정하는 데 도움이 된다.

가장 좋다고 생각하는 것을 가장 마지막에 보여 주는 게 좋다. "지금까지 본 것 중에 이게 젤 좋네요." 하고 끝나는 게 좋다. 너무 많은 것을 보여주면 뭐가 뭔지 혼란스럽기만 한다.

나는 항상 정확한 숫자로 말한다. 일곱 개 보여 준다고 했는데 5개밖에 보여줄 수 없다면 "사모님 어제 확인해 보니 두 개는 그사이 매매가 됐다네요." 한다. 이 화법도 좋다. 그럼 의뢰인도 여긴 매매가 잘 되는 곳이구나 싶고, 나도 맘에 드는 것 있으면 바로 계약해야겠구나 하는 심리적 압박감이 들기 때문이다.

그리고 이렇게 파악이 됐다고 해서 꼭 그 조건에 맞는 물건만 보여줄 것이 아니라 좀 과하다 싶지만 괜찮은 물건이 있으면 보여줄 필요가 있다. 현금이 3억이라고 하면 본인이 원하는 금액대에서 보여주고. 5억 짜리인데도 괜찮은 물건이 있으면 3억짜리 보여주고 난 뒤 5억짜리 앞으로 스치고 지나기면서 무심히게 한마디 툭 던져본다.

 "이건 5억에 나오긴 한 건데 정말 괜찮더라고요."

하며 상대방의 반응을 살펴본다. "그래요~" 하며 지나치면 그만이고 관심이 있으면

 "그래요?, 그럼 한번 좀 볼까요?"

그러면 좀 장난스럽게

 "아니 사장님 3억밖에 없다면서요, 보면 뭐해요, 속만 쓰리지요."

 "어이그~, 맘에만 들면 대출을 받든 어디서 빚을 내든 하면 되지 돈이야 어디선들 못 구하겠어요?"

이래서 3억짜리 계획하고 온 의뢰인이 5억짜리도 계약하고, 다가구 같은 경우에는 대출 안고, 전세 보증금 안고 10억짜리도 계약하고 가는

경우도 있다. 의뢰인이 오면 의뢰인이 말한 그것만을 염두에 두지 말고 여러 방향으로 생각해 볼 필요가 있다.

나도 처음엔 5억짜리 찾으면 5억짜리 물건만 보여 주고 마음에 드는 것이 없다고 하여 적당한 물건 있으면 연락드리겠다며 보냈다. 며칠 후 적당한 물건을 찾아 연락하면 10억짜리를 매입했다고 한다. "그때 5억짜리 찾으셨잖아요?" 하니 "맘에 드는 게 있어 대출 좀 받아서 샀지요." 하는 것이다.

경제 활동이 끝난 60세 이상의 분들은 좀 힘들다. 젊은 친구들, 사업하는 사람들에게는 많이 가능하다. 벌어서 갚으면 되지 하는 생각이기 때문이다. 그래서 의뢰인과 대화를 많이 하여 하는 일이 무엇인지, 수입은 얼마나 되는지, 이 부동산의 구입 목적은 무엇인지 의뢰인들의 생각을 빨리 파악하는 게 중요하다.

대화를 나누다 보면 의뢰인에게 적당한 물건이 떠오르기도 한다. 이 정보 파악을 상대방 기분 나쁘지 않게 자연스럽게 하는 게 기술이라면 기술인 것 같다.

아파트 매매 손님이라면, 아파트 매매는 매수 의뢰인이 그 아파트를 매수하기로 결정하고 그곳의 정보를 이미 알아보고 오는 경우가 많아 선호하는 층, 방향, 전망, 내부 상태와 가격만 맞으면 매매 결정이 바로 된다. 또는 의뢰인이 원하는 층과 전망만 맞으면 내부 상태는 안 좋아도 리모델링하고 입주한다. 층과 전망은 고칠 수 없지만 내부 상태는 저렴하게 매입해 본인들 취향에 맞게 리모델링하면 새집이 되기 때문이다. 아파트는 동일한 구조이기 때문에 의뢰인이 갑자기 방문해도 보여줄 수 있다.

매수 의뢰인이 원하는 조건의 집이긴 한데 바로 보여줄 수 없는 상황이라면,

 "지금 사모님이 말씀하시는 것과 딱 맞는 집이 15층, 18층, 22층 세 개나 있는데요, 그중 2개는 도배를 새로 하기도 아까울 정도로 깔끔해요. 그런데 지금은 외출해서 볼 수가 없거든요. 혹시 구조라도 보고 싶다면 7층을 보여드릴 수 있어요. 구조 보고 맘에 들면 주말에 세 개 모두 약속 잡아 놓을 테니까 그때 보고 맘에 드는 걸로 계약하면 될 것 같아요."

7층 소유자에게는 죄송하긴 한데, 아파트는 구조가 동일하기 때문에 이렇게 많이 한다.

"우리 집은 보러오는 사람은 많은데 매매가 안 돼." 하시는 분들이 있다면 이런 이유도 있다.

또는 급한 것 같으면,

 "사모님, 이 아파트에서 20층은 전망도 최고고 가장 선호하는 층으로 나오기가 무섭게 매매가 되거든요. 혹시 저녁에라도 오시면 어떻겠어요?"

또는 7층을 보고 구조도 마음에 든다고 한 경우

 "20층은 나오기가 무섭게 매매가 되는데 지금 집을 볼 수가 없어 매매가 안 되고 있거든요. 계약금 일부 입금하시고 주말에 오셔서 집 보고 혹시라도 맘에 안 들면 위약금 없이 계약금 돌려받는 걸로 하는 건 어떨까요? 다른 중개소 사무실에도 이렇게 계약해 버릴 수 있어요."

(이런 경우 매도 의뢰인과 충분히 협의하고 계약금은 중개사 통장으로 받아 놓는 게

좋다.) 다양한 방법들이 있다.

• 수익형 부동산(다가구 주택, 다중 주택, 상가 주택, 상가 건물) 매매 손님 응대 방법

위의 건물들은 수익률이 높아야 매매가 된다. 상가 건물은 수익률이 5% 이상 되어야 하고, 그 외 것은 7% 이상 되야 매매하기가 좋다. 요즘 건축되는 신축 다가구 주택은 수익률 7% 이상은 힘들다. 가구 수 비례 주차장 때문이다. 그래서 요즘은 수익률 높은 다중 주택을 많이 짓는다.

다중 주택은 다가구 주택보다 주차장이 완화되어 있다. 다가구 주택이 10가구에 주차장 7대라면 다중은 10가구에 주차장이 2대만(지역에 따름 다름) 확보되어 있어도 되기 때문이다. 가구 수가 많아야 수익률이 높기 때문이다. 이런 이유로 도심 주택가의 주차난이 더 심각하다. 요즘 젊은 층은 월세 살아도 차는 소유하고 있어서다.

매스컴에서, 또는 많은 사람이 인구는 줄고 집은 계속 늘어나기 때문에 수익형 부동산은 끝이라는 말을 하는데 그럼에도 수익형 부동산 찾는 고객은 꾸준하다. 은행 금리는 낮고 3~4억, 7~8억, 10억 가지고 크게 투자할 만한 곳이 없기 때문이다. 여유가 있으면 수익률은 낮아도 관리하기 편한 상가 건물을 찾고, 그 외 분들은 다가구 등 수익형 부동산을 찾는다. 결국 다른 대안이 없기 때문에 꾸준한 수요층이 있다고 보면 된다.

다가구 매수 의뢰인이 방문하면 만들어 놓은 자료를 모니터에 띄우

고 가격대별로 살펴본다. 그런 다음 매수 의뢰인이 관심 있어 하는 물건이 있다면 해당 자료를 출력하여 더 자세하게 설명한 후 현장으로 안내한다.

다가구 주택 역시도 주인 세대를 바로 볼 수 없기 때문에 위치나 외관만 보여준 뒤에 주인 세대를 보고 싶다고 하면 그때 소유자와 약속 시간을 잡아 보여주면 된다. 수익형 부동산 찾는 사람들은 싸고 좋은 것만 찾아다녀서 매매가 쉽지는 않다.

⑵ 지금 살고 있는 집을 팔고 사야 하는데 시세가 얼마나 되는지 알아보려고 한다

우리 집은 금방 팔릴 집이다. 그래서 집 좀 보려고 왔다고 한다면 나는 집을 먼저 팔고 오라고 한다. 맘에 드는 집이 있어도 계약할 수 없으면 보는 것은 아무 의미가 없다. 그 물건을 나만 갖고 있는 것도 아니고 여기저기 부동산 사무실에 다 접수되어 있을 텐데 매수 의뢰인 마음에 든다고 매수 의뢰인의 집이 매매될 때까지 잡아놓을 수 있는게 아니기 때문이다. 의뢰인이 돌아간 후 또 다른 의뢰인이 방문하여 계약하거나, 또는 다른 중개사에서 계약해 버리면 끝이기 때문이다.

"사장님 집 먼저 팔고 오세요. 돈이 없지 집이 없겠어요? 지금 집 보고 맘에 드는 집이 있다 한들 계약할 수도 없는데요. 물건을 우리 부동산 사무실에만 내놓은 것도 아니고 다른 부동산 사무실 열 군데도 더 내놨을 텐데 내일이라도 누가 계약하고 가면 끝이에요. 그래서 지금 당장 계약할 수 없다면 집 보는 게 아무 의미가 없어요."

이렇게 말하면 수긍하기도 하고 어떤 매수 의뢰인은 그래도 이 동네 시세라도 좀 알고 싶어서 왔다고 한다. 그럴때는 모니터 켜 놓고 로드 뷰로 접수된 매물 중 몇 개를 보여주면서 대략 이 정도 가격이 형성된 다고 말해주고 보낸다.

그리고 아파트는 시세가 있으니 평균 시세를 말해준다. 여기서 저층, 혹은 로열층에 따라 가격 차이가 좀 나고 10년 이상 된 아파트는 관리 상태나 리모델링된 상태에 따라서도 차이가 난다고 말해준다.

그리고 이런 경우 그냥 보내지 말고 의뢰인이 팔아야 한다고 말한 그 집에 대해 물어본다.

"저도 그 집 좀 팔아 볼게요." 하고 이 동네가 아니더라도 요즘은 전 국 광고에 올리기 때문에 지역에 상관없다고 하며 매물을 접수받는다.

매수 의사가 있어 얼마까지 되느냐고 물을 때

매수 의뢰인이 "이건 얼마까지 되나요?" 하고 묻는다면 관심이 있는 거다.

> "처음엔 13억에 내놓으셨는데요. 지난번에 오셨길래 12억에 팔 면 안 되느냐고 여쭤보니 돈 갖고 온 사람 있으면 그때 얘기하라 고 하시는 거 보니 12억까지는 될 거 같아요."(12억 이하로는 안 되 니 더 깎지는 말라는 의미)

> "지난번에 손님이 한 번 붙은 적 있었는데 12억까지는 해준다고 하셨어요." (매입의사만 있다면 가격조절은 잘 될 것 같다는 의미)

> "지난번 손님이 12억이면 사겠다고 하셨는데 12억 2천은 받아야 한다고 안 팔았거든요. 그런데 며칠 전에 들르셔서 그때 팔 걸 그 랬나 하시는 거 보니 12억까지는 될 것 같아요." (이 가격이면 당신 은 엄청 싸게 사는 거라는 의미)

"12억만 손에 쥐어 달라고 하셨어요. 12억 조금 더 받아서 중개 보수도 알아서 하라고 하시는데 요즘 더 부르지도 못해요. 그래도 팔면 중개 보수는 주시겠죠. 못 주신다고 하시면 반이라도 달라고 해 봐야죠. 요즘 일도 없는데요." (당신이라도 중개 보수는 깎지 말아 달라는 의미)

"13억은 꼭 받아달라고 하셨는데 12억에서 잘라 봐야죠." (최선을 다해 보겠다는 의미)

자신의 방법대로 응용해서 적절히 사용하자. 정답은 없으니 따라 하다 보면 자신만의 중개노하우로 완성 되어 갈 것이다.

마지막 클로징 방법

매수 의사가 있으면 여기서 500만 원만, 또는 1,000만 원만 더 다운시켜 보라고 한다. 이때 중개사도 "바로 알겠어요. 말해 볼게요." 하며 결정적이 한마디를 한다.

"1,000만 원 깎아주면 그럼 지금 계약하신다는 거죠?"

마지막 단계에 써 줘야 하는 멘트다. 또는

"그럼 지금 계약금 일부로 500만 원 입금하실 수 있으세요?"

"지금이요?"

살짝 당황하거나 놀라는 듯한데 이때 중개사는 전혀 흔들림 없이 담대하게 나가야 한다. 절대 쭈뼛거리면 안 된다.

"네, 지금요. 1,000만 원 깎아주면 지금 계약하시겠다는 거 아니에요?"

바로 대답을 못 하고 생각하는 듯하면

 "사모님, '방금 집 보고 오신 분이 1,000만 원 깎아주면 지금 계약한다고 하네요'라고 해야지 설득력이 있죠. 제가 그 사모님한테 1,000만 원 깎아달라고 말씀드렸더니 깎아주겠다고 하셨는데 사장님이 생각해 보겠다며 그냥 가시면 사지도 않으면서 괜히 남의 집값만 떨어뜨려 놓게 되고, 저도 그 사모님한테 실수하는 거잖아요. 그러면 저도 이 동네서 일도 못 해요. 팔지도 못하면서 집값만 깎아 놓는다고 소문나서요."

이렇게 말하면 대부분 수긍하면서 확실히 결정을 내린다. "알겠어요. 그렇게만 해주면 지금 계약할게요."라고 하는 경우 다음 단계로 넘어가는 것이다.

만약 1,000만 원 감액되면 계약하겠다는 경우, 이제 바통은 중개사에게 넘어온 것이다. 계약의 성사가 결정되는 순간인데 이런 경우는 금액 조절만 잘 되면 99%로는 계약으로 이어진다고 보면 된다. 매도인에게 전화하기 전에 매수 의뢰인에게 이렇게 말한 후 전화한다.

 "사장님 그냥 깎아달라고 하기는 좀 그러니까 수리도 좀 해야 하고 이사 비용도 만만치 않게 드니 그 비용조로 1,000만 원 깎아달라고 해볼게요. 1,000만 원 깎아주면 지금 바로 계약하신다고 이렇게 말씀드릴게요."

그러면 이 또한 그렇게 하라고 한다. 이제 사겠다는 결정을 한 것이므로 웬만하면 중개사가 이끄는 대로 따라온다.

매도 의뢰인에게 전화하면 '된다', '안 된다' 이런 말이 조금 오가기는 하지만 계약으로 이어진다. 이때 매도인을 설득하기 위해 주로 이렇게 말한다.

"사모님! 주택은 짐 빼고 나면 수리할 게 한두 가지가 아니에요. 사모님은 계속 사용하던 거니까 이런 것이 무슨 문제가 되겠나 하시겠지만 새로 집을 구입해서 들어오시는 분에게는 다 고치고 수리해야 할 일이에요. 그래서 주택 매매할 때는 깎아주는 것을 수리비라고 하면 매매 후에 이런저런 말이 없어서 얼마나 속이 편한지 몰라요. 나중에 이것저것 문제 있으니 해줘야 한다고 할 때 수리비로 1,000만 원 깎아준 거 아니냐 하면 아주 깔끔하거든요."

이 말이 가장 잘 통한다. 사실 그렇기도 하다.

"사모님! 그분들 원래 10억 이내로 할 생각이었는데 지금 엄청 무리하는 거예요. 사모님이 집 관리를 너무 잘하셔서 맘에 쏙 들었나 봐요. 1,000만 원 깎아주면 당장 500만 원 입금하겠다고 하니까 전화 끊고 바로 계좌번호 보내주세요. 지금 사도 걱정이라고 하시는데 맘 바뀌기 전에 빨리 계좌번호 주세요. 매매도 다 타이밍이 있어요. 이 손님 놓치면 또 언제 손님 붙을지도 몰라요. 요즘 손님 없는 거 아시잖아요."

"그럼 이사 비용은 빼 주셔야죠. 500만 원이라도요. 그렇게 말씀드릴 테니 빨리 오세요. 계약서 작성하고 있을게요"

"사모님 이분들이 지금 맘에 드는 집이 또 하나 있어요. 어떤 걸 할까 고민하는 중인데 제가 사모님 집 쪽으로 몰고 있는 거예요. 서로 기분 좋게 마무리해주세요. 사모님도 팔려고 내놓으셨으니 빨리 정리하는 게 좋죠. 1,000만 원 때문에 고민을 하세요? 앞으로 좋은 일이 더 많을 텐데요. 얼른 오세요, 계약서 작성하고 있을 테니까요."

"사장님 얼른 와 보세요. 지금 사장님께서 아주 계약하고 가시겠다고 하세요. 더 이상 집 보러 다니는 것도 힘들고 오늘 아주 결정 내고 간다고 하시니까 얼른 오세요. 몇억짜리 집 팔면서 1,000만 원 때문에 판다 안 판다 하세요? 저 계약서 쓰고 있을 테니까 얼른 오시고 일단 오셔서 말씀하세요. 여기 사장님도 기다리고 계시니까 신분증하고 도장 갖고 빨리 오세요."

매도인이 전혀 물러설 의향이 없을 때

"사모님! 마음에 드시면 사모님이 결정하세요. 지금까지 많이 보셨지만 이만한 집이 없잖아요. 이 돈 가지고 이만한 집을 사시는 건 정말 운이 좋은 거예요. 이 집 놓치면 당분간 이만한 집 못 구하세요."

지나치게 깎으려고만 하는 고객이라면

"사모님, 저 사장님이 지금 급하게 팔아야 해서 지금 이렇게까지 금액이 다운됐는데 제가 봐도 지금 이 금액이면 정말 잘 사시는 거예요. 너무 사모님 생각만 하지 마시고 상대방 입장도 좀 생각해 주세요. 서로 좋은 기분으로 사고팔고 해야지 앞으로 그 집에도 더 좋은 기운이 깃드는 거예요. 넘 아프게 하지 않았으면 좋겠네요. 500만 원이 크다면 큰 금액인데 저쪽 사장님에게도 똑같은 거잖아요. 사장님이 결정하세요. 앞으로 좋은 일이 더 많을 거예요."

이러면 대부분 매도인이 오고 계약으로 이어진다.

대부분의 사람들은 대면하다 보면 조금씩 마음을 내려놓는다. 여기까지 왔는데 좀 손해를 보더라도, 또는 팔려고 내놨고 맘에 들어 사려고 하는 경우 웬만하면 조금씩 양보하고 계약하게 된다.

만약 다음 상황이라면

"남편과 상의도 해보고 애들하고 얘기해 보고 다 같이 와서 집도
한 번 더 보고 해야지"

"사모님 그럼 다 같이 올 수 있는 날 다시 한 번 오셔서 보고 결정
하는 것이 좋겠어요. 혹시라도 집주인이 깎아주겠다고 하는데 남
편분이 와서 보고 마음에 안 든다고 하면 사모님은 집 팔린 줄 알
았다가 허탈할 거고, 저도 중간에서 입장 난처하고요. 언제 오시
겠어요? 내일이요?"

바로 그 자리에서 다음 만날 약속을 잡는 게 좋다.

그럼 집에 가서 남편 시간 되는 날 연락 달라고 하고 마무리한다.

> ✎ 마지막 클로징 때 매수 의뢰인에게 "사는 순간 5천만 원은 오를 거다.", 또는 "지
> 금 너무 저렴한 금액이니 사기만 해라. 내가 내일이라도 5천만 원은 더 받고 팔
> 아줄 수 있다."고 말하며 의뢰인들의 판단을 흐리게 하는 중개사들이 간혹 있는
> 데 당장 눈앞의 이익보다 좀 더 길게 보면 좋겠다.

이렇게 마무리를 해도 추후 매수인이 이렇게 말하는 경우가 있다.

문이 잘 닫히지 않는다. 이것은 매도한 사람이 해줘야 하는 것 아닌
가, 팔 때는 사용하는 데 문제없게 해야 하는 것 아니냐, 이것저것 요구
하는 경우 본인 선에서 마무리하는 것도 좋다.

"사모님 그래서 그때 수리하라고 500만 원 깎아준 거잖아요. 그
런데 지금 그걸 해달라고 하면 안 돼죠."

사실 이런 경우 매도인의 99%가 이제 와서 무슨 소리냐며 해줄 수 없다고 한다. 그래도 혹시 전화하여 매수인의 말을 전했는데 해줄 수 없다고 하면

 "그렇죠. 사모님 저도 안 된다고 말씀드렸는데 자꾸 전화 한번 해보라고 하시니 한번은 전화를 해봐야 할 것 같아서 전화를 드렸어요."

매수인에게는 마지막으로 "죄송한데 못 해주시겠답니다. 너무 싸게 팔았다고 되레 속상해하시더라고요."라고 말한다. 의뢰인들의 성향을 봐 가면서 조율을 하자는 것이다.

계약 후 이런저런 크고 작은 문제로 당사자들에게 전화를 많이 받게 되는데 해결 방법이 없다면 중개사가 할 수 있는 일이란 쏟아내는 말을 들어주며 시간이 지나가기를 기다리는 수밖에 없다.

이 일도 시간이 지나면 단골이 생긴다. 그때 나를 위해 최선을 다한 중개사라는 생각이 들도록 최선을 다하자. 진심으로 최선을 다하지만 이 일에도 요령이 필요하다는 거다.

매매 의사 결정 후 마무리하는 방법

이때부터는 서두르면 안 된다. 쌍방 요구 조건의 합의가 이루어져 계약하기로 결정이 됐다면 가장 좋은 방법은 계약서 작성을 하는 것이다. 그런데 바로 계약서 작성이 어려워 계약금의 일부만 입금하게 된 경우는 가계약서를 작성해야 한다. 그리고 정식 계약은 빠른 시일 내에 해야 한다. 시간이 지체되면 괜한 트집을 잡아 계약을 해제하려는 경우가

가끔 있다.

매수 의뢰인과 애기하다 보면 되겠다는 감이 오고 매매 결정이 된다. 그럼 등기부 등본을 발급받아 권리관계를 확인해야 한다. 소유자가 누구인지 소유권 외의 권리 사항이 매매하는데 문제 될 만한 것은 없는지 확인하고 소유자가 남편인 경우 남편의 연락처를 받아 통화한다.

"사장님 안녕하세요. ○○○ 부동산입니다. 집 매매하려고 내놓으셨잖아요? 좀 전에 사모님이 보여주셔서 잘 살펴봤어요. 지금 보신 분이 계약하시겠다고 계약금의 일부, 500만 원을 선입금 하겠다고 하세요. 사모님과 이야기는 나눴지만 소유자이신 사장님께 확인은 하고 입금해야 해서 전화드렸습니다."

자신은 바쁘니까 아내와 상의하라는 경우가 많다. 그럼 통화 녹음 버튼 누른다.

"네, 그럼 ○○동 119번지 매매 계약에 대한 모든 부분을 사모님께 위임하시는 거죠?"

"네!"

"네, 알겠습니다. 그럼 사모님과 상의해서 진행하겠는데요 본인 확인은 해야 하니까 신분증 좀 찍어서 이 폰으로 보내주세요."

그리고 가계약서를 작성하든 계약금의 일부만 입금 받든 사모님과 마무리한다.

계약금의 일부를 입금하게 됐다면

아래와 같은 전자계약서를 문자로 보낸다.

> "○○동 119번지 매매계약입니다.
> 매도금액은 5억으로 금일 계약금의 일부로 500만 원을 소유자인 홍길동님 계좌 농협 301-○○○-○○○으로 입금합니다. 계약금의 일부 입금도 계약으로 보는 판례에 의해 추후 일방의 변심으로 계약이 해제될 경우 매도인은 계약금 일부의 배액을 상황하고 매수인은 계약금 일부를 포기하고 계약을 해제할 수 있습니다. 위 계약은 수리비로 500만 원을 감액하고 하는 계약입니다.
> 잔금은 계약일로부터 2개월 후로 잠정적 협의됨.
> 계약서작성은 6월 10일 오전 10시 ○○○부동산 사무실. ○○○부동산.

가계약서를 작성하게 됐다면

계약금의 일부를 입금하기 전, 쌍방 계약 조건을 다시 한 번 확인한 후 가계약서를 작성한다. 작성한 가계약서를 사진으로 찍어 매도인에게 보내준다. 매도인이 내용을 확인하고 진행해 달라고 하면 매수인에게 소유자 계좌로 입금하게 하면 된다. 사실 매매가 결정됐다면 당사자와 시간 약속을 한 후 계약을 진행하는 게 분쟁이 생기지 않는 가장 좋은 방법이다. 그런데 계약 욕심이 앞서다 보니 이런 방법을 많이 사용한다. 그러다 보니 종종 분쟁이 생기기도 한다. (가계약 당시 세세한 부분까지 체크가 안 되다 보니 정식 계약서 작성 시 분쟁이 생기기도 하고, 그 사이 매수인의 변심으로 계약금을 돌려받고 싶은 생각에 괜한 트집을 잡아 문제가 생기기도 한다.)

★급하게 가계약서를 작성하고 계약금의 일부를 소유자 계좌로 입금하게 하기보다는 매수 의뢰인의 변심이 생길 걸 예상하고라도 당사자가 참여하여 계약서를 작성하기 권한다.

> ✒ 판례에 의하면 계약금 일부만 입금된 가계약도 계약의 확정이고 계약의 성립으로 본다.

계좌번호는 매도인이 문자나, 통장을 찍어서 보냈다면 그것을 복사하여 다시 한번 매수인에게 보내주고 그 번호로 입금하게 하는 게 좋다.

입금 세좌(소유자 계좌)는 문자로 보내 줄 것을 요청하거나 통장을 폰으로 촬영해서 문자로 받는 것이 좋겠다. 계약과 관련된 사항은 문자로 주고받고 녹음을 하는 것이 가장 좋다. 받아 적다 보면 오류가 생기기도 한다. 그뿐만 아니라 만일에 있을 분쟁 시 책임 소재가 분명하다. 큰돈이 오가는 것이므로 신중해야 한다.

이렇게 하면 마무리되는 것이다. 가끔 영수증을 요구하는 고객이 있는데 이럴 때는

 "사장님 통장에서 입금된 계좌이체 된 내역이 영수증이예요."

매수 의뢰인에게는 입금할 때 계좌번호와 이름을 반드시 확인한 후 입금할 것을 말해 주어야 한다. 나의 고객 중에도 계좌번호 하나를 잘못 눌러 500만 원이 대포통장으로 입금되었고 다시 반환받지 못한 사례도 있었다.

전세 임대 의뢰인

 "어서오세요, 어떻게 오셨어요?"

"투룸 전세 있나 해서요."

 "금액은 얼마 정도로 생각하시나요?"

 "1억 안쪽으로요. 반전세도 괜찮고요."

 "입주는 언제까지 하셔야 하나요?"

 "3월 말 안으로 해야 합니다."

 "누가 사실 건가요?"

 "와이프랑 아기 1명 있습니다."

　임대인들의 대부분이 임차인의 직업, 나이, 성별을 물어본다. 어떤 세입자가 들어올지 궁금한 것이다. 연세가 많다고 하면 "갑자기 몸이라도 아프면 119를 불러야 하는 상황이 생기기도 하는데 보호자가 금방 올 수가 없거나 연락이 안 되면 내가 책임져야 할 수도 있으니 싫다." 갓난아이가 있으면 "시도때도없이 울어서 안 된다.", 초등학생이 있다면 "뛰어다니고 시끄러워서 안 된다." 등 다양하다.

 "아기는 몇 살인가요?"

"다음 달이면 두 돌 되는데요."

 "네, 이 동네서만 찾으시나요?"

 "아니요, 여기도 좋고 봉명 사거리 쪽도 괜찮구요. 산업단지 가까운 쪽이면 됩니다."

 "혹시 반려동물 키우나요?" (대부분의 임대인들이 싫어한다.)

 "아니요."

여기까지 다 확인했다면 매물장을 한 번 살펴본 후

 "지금 찾는 물건이 없는데요. 전화번호 좀 주세요." (메모할 준비를 하면서) "전세는 원래 귀해서 2~3달 전부터 많이들 구하세요. 이렇게 연락처 주고 가시면 전세 물건 나오는 즉시 메모해둔 분들께 바로 연락해서 계약하게 합니다."

연락처 메모해 놓고 "잠깐만요!" 하고 주변 부동산에 전화 한번 돌려본다. 다른 부동산 사무실에도 없다면

 "다른 사무실에도 없다고 하네요."

라고 말하고 의뢰인이 간 후 바로 그가 말한 정보를 적어 놓는다. 며칠 후에라도 찾는 물건이 나오면 즉시 전화해서 함께 방문하여 보여준다.

전세 임대차 계약이 결정되어 계약금 일부를 입금한다면 임대인, 임차인에게 문자를 보낸다.

"○○ 푸르지오 ○○○동 ○○○호 전세 보증금 2억. 3월 20일 입주. 벽걸이 TV 설치 동의. 계약일은 추후 알림. 위 계약 조건으로 계약금의 일부인 300만 원을 소유자 홍길동 계좌로 입금합니다. 계약금의 일부 입금된 것도 계약의 성립으로 보며, 한쪽의 변심으로 계약이 해제될 경우 임대인은 계약금의 배액을 상환하고 임차인은 계약금을 포기하고 계약 해제를 할 수 있습니다. ○○○ 부동산."

전세는 가계약서 작성 없이 바로 계약금 일부 입금하면서 진행하는 경우가 대부분인데, 가계약서 작성하는 것을 권한다. 나도 요즘은 그렇게 하려고 마음먹었는데 자꾸 잊어버린다.

다가구 주택, 다중 주택은 위험한 것이 많다. 앞에서도 말했고 다시 한 번 강조하지만 전세 계약은 안전한 것만 하자. (등기사항증명서를 발급받아 소유자 확인, 소유권 외의 권리 사항 확인, 선순위 보증금 확인, 아파트인 경우 채권 최고액이 있다면 전세금을 받아 상환 말소 조건인지 확인)

월세 임대 의뢰인

"어서오세요. 어떻게 오셨나요?"

"원룸 월세 좀 보려고요."

"보증금과 월세는 얼마선에서요?"

"보증금 100에 월세는 30만 원 안 넘었으면 좋겠어요."

 "입주는 언제 하셔야 하나요?"

 "열흘 안으로 해야 합니다."

 "이 근방에서만 찾으시나요?"

 "아니요. 공단 쪽까지 버스 승강장에서 가까우면 돼요."

 "그럼 오늘 계약하고 가야겠네요."

 "맘에 드는 거 있으면 오늘 하고 가야 합니다."

일주일이나 열흘 안에 입주해야 한다고 하면 바로 집을 보여주러 가는 것이 좋다.

01 10일, 15일 이후에 입주한다고 하면 설명 후 돌려 보낸다.

 "여기는 교통이 좋아 공실 상태로 일주일 이상 있지 않아요. 15일 후에 입주한다고 하면 임대인들이 임대를 안 줘요."

02 보고 마음에 들면 계약하겠다고 하면 가장 좋은 곳 한두 곳만 보여준다.

03 방을 보고 맘에 드는데 내일 와서 계약하겠다고 하면

"이 물건을 저만 갖고 있는 것이 아니고 이 주변 사무실에 다 내놓았기 때문에 지금 계약하고 가야 해요. 지금까지 방 구하려고 여기저기 다녀 봐서 아시겠지만 이 금액에 이렇게 좋은 집 찾기 힘들어요. 원래 이 방 35만 원짜린데 이 사모님은 조금 더 받으려다 공실로 있는 것보다 바로 입주하는 게 좋다고 저렴하게 내놓으신 거에요. 이 집은 3일을 안 넘겨요. 이것도 어제 나온 거예요."

월세 임대차는 일주일, 늦어도 열흘 안으로는 입주해야 한다. 입주일이 10일 이후인 경우 대체로 계약을 하지 않고 간다. 마음에 들어 내일 계약하겠다고 하는 것은 큰 의미가 없다. 계약금 일부를 임대인 계좌로 입금하든지 그 자리에서 즉시 계약서를 작성해야 한다.

대부분의 중개사가 임대 보증금이 소액인 경우 가압류, 가등기, 가처분 등 소유권 외의 권리사항이 있어도 크게 신경 쓰지 않고 계약서를 작성한다.

보증금 200에 월세 30만 원인 경우 경매 진행이 된다 해도 최우선변제도 되고, 월차임을 입금하지 않고 7개월만 거주하면 보증금이 모두 소멸되기 때문에 문제 될 것이 없다고 생각한다. 중개 현장에서 그렇게 안내하며 계약 진행을 한다. 바로 계약서를 작성할 수 없다면 계약금의 일부를 임대인 계좌로 입금하게 하고 임대인, 임차인에게 문자를 보낸다.

"A빌 ○○○호 300/35만 원. 3월 20일 입주. 반려동물 금지. 2년 계약. 계약금의 일부로 30만 원을 소유자 홍길동 계좌로 입금합니다. ○○○ 부동산"

분쟁이 될 만한 사항은 문자에 꼭 넣자.

상가 임대 문의

주로 공실인 상가에 전단지나 현수막을 게시한 경우가 많다. 이것을 보고 현장에서 바로 문의하기 때문에 본인이 어디에 게시했는지 기억하는 것을 게을리하면 안 된다.

 "여기 B빌 옆에 있는 상가 얼마예요?"

 "네, 2000/100인데요."

 "네 알겠습니다."

라고 하며 급히 끊으려고 한다면

 "왜요, 좀 비싼가요? 얼마짜리 찾으시나요? 제가 상가만 전문으로 해서 상가 매물이 많이 있습니다. 원하시는 것을 말씀해 주시면 보여드릴게요."

통화를 계속 이어나가는 것이 중요하다.

 "500에 60이 안 넘었으면 좋겠어요."

 "네, 평수는요?"

"20평만 넘으면 됩니다."

 "업종이 뭔데요?"

업종에 따라 응대해준다.

"그럼 주차만 좋으면 되겠네요?"

"광고 효과가 있는 곳이어야 하겠네요?"

 "유동 인구가 좀 있어야 하겠네요?"

"2층이어도 되겠네요?"

통화하면서 생각하다 보면 보여줄 만한 물건이 떠오른다. "세 곳은 보여드릴 수 있습니다." 하고 가까우면 그곳으로 가겠다고 말한다. 만일 보여줄 물건이 자신의 사무실 근처면 이쪽으로 오셔서 보는 편이 좋겠다고 한다. 혹시 내 물건이 마음에 들지 않을 수도 있으니 공동 중개를 위해 빠르게 주변 대표들에게 연락을 취해본다. 열심히 뛰어다녀 보자.

고객이 원하는 것은 무조건 수용하자.

매매든 임대든 고객의 눈이 높은 건 동일하다. 임대도 개업 초기에는 고객이 보증금 300만 원에 월세 30만 원 찾으면 꼭 30만 원짜리만 보여줬다. 당시에는 그렇게 해야 하는 줄 알았다. 임대인도 30만 원에 내놓았으면 꼭 30만 원을 받아야 하는 줄 알았다. 그런데 임차 의뢰인은 30만 원의 물건을 찾으면서 눈은 35만 원의 수준을 원하고, 임대인도 본인이 원하는 희망 금액을 말한 것이지 꼭 그걸 받겠다는 것은 아니었다.

물론 모두 그런건 아니고, 90% 이상이 그렇다. 그래서 지금은 본인이 원하는 금액에서 가장 좋은 것 2~3개를 보여주고 마음에 들어 하지 않으면 그 위의 것을 하나 보여준다. 임차 의뢰인도 마음에 들면 2~3만 원을 더 지불하고, 임대인 역시 대부분 조절이 가능하다.

한 예로 30만 원의 물건을 찾는데 35만 원의 물건을 보고 마음에 들어 한다면

> "30만 원짜리 보여드리니 맘에 안 들어 하셔서 35만 원짜리 한 번 보여드려 봤는데, 확실히 차이가 나긴 하죠? 그래도 이 정도 집에서는 사셔야지. 30만 원에 해주면 좋을 텐데 35만 원은 좀 부담스러운 금액이긴 해요. 혹시 그럼 보증금을 500만 원으로 올리면 안 될까요? 그럼 보증금 500에 30만 원에 해달라고 하면 가능할 것도 같은데요."

> "월세는 보통 1년 계약하잖아요? 2년 계약한다고 하면 가능할 것도 같은데요."

> "그럼 입주를 15일 후에 한다고 했는데, 내일 한다고 하면 안 될까요? 내일 바로 입주한다고 하면서 말해 볼게요. 입주는 15일 후에 하더라도 입주일을 내일로 잡아서 월세는 내일부터 입금해 주는 거지요. 바로 입주한다고 하면 가능할 것도 같은데요."

이런저런 말로 설득을 해 나간다. 그리고 임차 의뢰인들과 현장에 가면, 집을 보면서 도배를 다시 해달라거나 침대를 넣어 달라거나 이런저런 요구 사항을 말한다. 예전이라면 불가능하다며 보냈지만 지금은 이

렇게 말한다.

 "도배 좀 다시 해줬으면 좋겠어요."

 "네~, 도배는 좀 해야겠네요. 도배는 해달라고 해 볼게요. 도배만 해주면 지금 계약하겠다는 거죠?"

내가 보기에는 문제없어 보여도 고객의 눈에 더럽다고 하면 더러운 것이다. 그리고 임대인에게는

 "사모님 도배해주면 들어오겠다고 하는데 도배 좀 부탁해요."

그렇게 깨끗한데 무슨 도배를 또 하느냐고 하면 이러기도 한다.

 "아가씨가 아주 깔끔하네요. 맘에 들면 오래 살 텐데 해주세요. 이번에 하면 한 5년은 안 해도 되잖아요. 저렴할 걸로 깔끔하게만 해주세요. 공실로 두는 것보다 하루라도 빨리 입주하는 게 좋죠."

 "침대가 없네요. 침대가 있어야 하는데요."

 "맞아요. 침대 없으면 불편하지요. 사모님한테 떼를 써서라도 침대 하나 놔 달라고 해야지요. 침대만 놔주면 지금 계약하겠다는 거죠? 지금 계약금 30만 원 입금한다는 거죠?"

무조건 원하는 요구 사항을 다 알았다고 하고 임대인도 설득하고 임차인도 설득한다. 임차인이 일단 마음에 든다고만 하면 어떻게든 임대인과 임차인을 설득해 입주시킨다. 이제는 맘에 드는 게 없는 게 문제

일 뿐이다.

상가 임대도 동일하다. 원·투룸 임대는 가격적인 면 보다 청소나 옵션 상태에 대한 요구사항이 많다면 상가 임대는 보증금이나 월차임의 조절 요구가 많다. 이때도 역시 고객의 요구사항은 다 수용하자. 사실 중개사는 조절 될지 안 될지 90% 이상은 알고 있다. 조절이 가능해도 바로 "됩니다." 하지 말고 일단은 "알겠어요" 하고 "그 금액이면 지금 계약하신다는 거잖아요? 어떻게든 그 조건으로 계약될 수 있도록 최선을 다해 보겠습니다." 한다. 그리고 조절이 불가능한 물건이어도 일단은 "알겠습니다. 그 금액이면 지금 계약금으로 100만 원 입금 하신다는 거잖아요?" 한다. 사실 고객이 금액조절을 원하는 것은 이미 하겠다는 마음의 결정은 된 것이다. 다만 조금 저렴하면 더 좋겠다는 것이다. 중개사는 항상 고객 앞에서 최선을 다하는 모습을 보여줘야 한다. 그래야 중개사를 잘 만난 것 같고, 중개보수도 아깝지 않다.

이때도 매매계약 때와 마찬가지로 고객이 뭔가의 요구사항을 원할 때 사용하는 멘트 잊지말자.

생각해 본다거나 남편이 와서 한 번 더 봐야 한다고 하면

"생각해 보고 연락주세요 그런데 그 전에 나가면 할 수 없고요"

"그럼 언제 시간 되시는지 남편분이랑 와서 보시고 그때 얘기하는 걸로 해요. 그런데 제가 이 상가를 잡아 놓고 있을 수도 없으니 빨리 와서 보시고 결정하셔야 할 거예요. 이 위치에 이만한 금액으로 이런 상가 찾기 힘들잖아요. 많이 보고 다니셔서 저보다 더 잘 아실 것 같은데요~."

하고 마무리한다. 금방 나갈 듯한 긴장감을 조금 주는 게 좋다.

일은 어디서 배울까

처음 중개 일을 하는 경우 일을 배워 간다고 생각하며 시작하는데 그 일을 가르쳐줄 사람이 누구일까? 나는 사무실을 방문하는 많은 의뢰인이라고 생각한다. 그분들께 물어본다.

이것을 매입할 때 어디가 맘에 들었는지?

이것을 파는 이유는?

이것을 팔고 무엇을 하려고 하는지?

집이 여러 채라면 어떻게 많은 집을 소유하게 됐는지?

여러 채를 가지고 있어 보니 좋은 점은 무엇이고, 나쁜 점은 무엇인가?

이렇게 부자가 된 계기는?

망했다고 하면 왜 망했는지?

등 끊임없이 질문하고 질문한다. 그들의 이야기를 듣다 보면 그 속에 답이 있다. 의뢰인이 한 말을 또 다른 의뢰인에게 역으로 사용하다 보면 아주 효과적인 자신만의 중개 노하우가 된다.

기타 화법들

01 약속 시간은 정확하게

내일 오전 중에 가겠다, 내일 3~4시에 가겠다, 내일 점심때쯤 가겠다고 불분명하게 말하면 중개사가 시간을 정확하게 말한다.

"정확한 시간을 말씀해 주세요. 사모님도 그 시간에 꼭 계시라고 하게요. 내일 오전 10시로 할까요?"

"정확한 시간을 말씀해 주세요. 그래야 저도 그 시간에 다른 약속을 안 잡고 기다리죠. 오후라면 3시로 할까요?"

 "아니요, 그럼 2시까지 갈게요."

02 퇴근 시간 무렵이나 공휴일에 고객의 방문이 있을 때

사람인지라 일하기 싫을 때도 있고, 또는 마땅한 물건이 없긴 한데 바로 움직이기도 싫을 때가 있다.

 "찾으시는 물건은 있는데 지금 이 시간에는 집 보러 가기가 어렵 겠네요. 아이들도 있고 신랑도 퇴근해서 쉬고 있어요. 밥도 먹고 해야 하는데 갑자기 여러 사람이 집 본다고 왔다 갔다 하면 싫어 하거든요."

그러면 대부분 수긍한다.

 "내일 시간 괜찮으세요?"

 "내일도 퇴근하고 오면 이 시간인데…."

 "그래도 미리 약속 잡고 가는 건 괜찮죠. 준비를 하고 있으니까요."

일하기 싫어서이기도 하지만 시간을 버는 것이기도 하다. 그리고 물건을 찾아본다. 또는 퇴근하려고 하는 어스름한 시간에 온다면 밤에는 가능하면 가지 않는 것이 좋다. 자칫 사고의 위험이 있기

때문이다. 나는 소중하니까 ^^

가끔 광고를 보고 문의전화를 해서 물건지 지번을 요구하는 의뢰인들이 있다. 이럴 땐

"손님 그건 알려 드릴 수가 없어요. 지번을 알려드리면 간혹 혼자 가셔서 집 밖에서 기웃거리는 분들이 계시거든요. 그러다 집주인이 보면 웬 낯선 사람들이 자신의 집을 기웃거리고 있나 하고 기분 나빠서 화내시다 싸우기도 하고요, 중개소에서 알려줘서 왔다고 하면 저한테도 전화해서 화를 내시기도 합니다. 보고 싶으면 제 사무실로 오세요. 제가 안내해드릴게요."

그런데 집을 보겠다고 하면서 그쪽으로 바로 오겠다고 하면 그때는 지번을 알려주고 현장에서 만나면 된다. 어느 경우 혼자 가서 슬쩍 보고 집주인과 마주치면 중개사 얼굴을 대면한 것도 아니니 직거래하는 경우도 있다. 의뢰인들과 한 번이라도 대면하는 것이 필요하다. 대면한 과정이 있다면 개인 직거래는 양심상 쉽지 않다.

상가도 물건 보여줄 때 어느 업종인지 알아야 한다. 어느 날 지나가다 직거래한 것을 발견하게 된다.

가끔 고객들이 와서 연락처를 알려 달라고 할 때가 있다. 판단해서 알려줘도 되겠지만 뭔가 분쟁이 되겠다 싶으면 이렇게 말하자.

"사장님 그것은 개인정보이기 때문에 알려드릴 수가 없어요. 제가 그분에게 전화드려서 사장님 전화번호 알려드리고 전화드리라고 할게요. 그렇게는 해드릴 수 있어요."

03 처음 본 부동산 사무실에서 계약해야 하는 것이 아닌가요?

나도 처음엔 이 문제에 대해 어떻게 대처해야 하는지 고민이 많았다. 어느 날 방문한 매수 의뢰인을 여기저기 모시고 다니며 보여주고 설명해 주었는데 그 중 마음에 드는 물건이 있다고 하여 계약하자고 했더니 전에 다른 사무실을 통해 본 적이 있다며 처음 보여준 사무실에 가서 계약해야 하는 것 아니냐는 것이다. 처음엔 상도에 어긋난 것은 아닌가 하는 생각에 "사장님 마음 편한 대로 하세요" 하고 보냈다. 그러나 이런 일이 간혹 있다 보니 '이게 뭐지?' 하는 허탈감이 들었다. '그럼 내가 일한 것은 일한 게 아닌 건가?' 하는 의문이 들었다.

그 물건은 인근 사무실에 이미 다 나와 있고 그 의뢰인이 그 중개사가 안내하고 설명했을 때는 계약할 의사가 없었던 것이다. 그 후 내 사무실까지 방문했을 때 나의 안내와 설명을 듣고 계약하겠다는 결정을 내렸다면 이건 중개사 능력이 아닌가 하는 생각이 들었다. 이런 상황이 올 때마다 처음 본 사무실로 보낸다면 나의 수고는 무엇이란 말인가? 그래서 지금은 이렇게 말한다.

"사장님 그쪽에서도 보여 줬고 저도 보여줬잖아요. 이 물건이 이 주변 부동산 사무실에 다 나와 있는 건데 여기저기 부동산 사무실 다니시면서 10번은 못 보시겠어요? 그런데 이 매물을 계약해야겠다고 결심하게 한 중개사가 누구인가요? 제가 그동안 모시고 다니면서 열심히 보여드리고 설명을 하여 계약해야겠구나 하는 결정을 하셨는데 처음 본 부동산 사무실에 가서 계약하겠다고 하면 저는 지금까지 그 중개사를 위해 일한 것밖에 안 되잖아요? 그동안 제가 사장님 모시고 다니면서 일한 수고와 대가는요? 저도 사장님을 위해 열심히 일했잖아요. 지금까지 제가 모시고 다니며 열심히 일했는데 처음 보여 줬다는 이유 하나로 그 부동산에 가서 계약서를 쓰겠다고 하면 저는 앞으로 이 일을 할 의욕이 없습니다. 그쪽 중개사분과의 인연이 거기까지라고 생각합니다. 사장님이 결정해주세요."

이것은 정당한 요구이며 이렇게 하는 것이 최선을 다해 일하는 것이라고 생각한다.

사실 이런 일들로 중개사들끼리 다툼이 많다. 그래서 나는 이렇게 정리했다. 의뢰인이 방문하여 상담 후 물건지에 안내를 했는데 도착하자마자 이건 본 물건이라고 하면 언제 봤는지 물어보고, 한두 달 전이라고 하면 다시 내가 안내하고, 한 달 이내로 최근에 봤다고 하면 "그럼 볼 필요 없겠네요" 하고 통과한다. 그러나 의뢰인이 "아니요 다시 한 번 보겠어요."라고 말하면 내가 다시 안내하다.

04 계약서를 작성하는 도중에 손님이 들어오면

매매 계약서를 작성하려면 보통 한 시간 이상이 걸린다. 어느 정도 마무리되어 가는 중이라면 잠시 기다려줄 것을 부탁하면 된다. 만약 계약서 작성을 막 시작했는데 손님이 들어왔다면 방문 이유를 묻고 1시간 정도 기다려줄 수 있는지 물어보자. 다시 오겠다고 하면 전화번호를 메모해 놓고 계약을 마치는 대로 연락드리겠다고 하고 보내는 게 좋다.

계약이 중요하기 때문에 별말 없이 막연하게 기다리게 하면 서로 불편하기도 하다. 고객은 바로 끝나는지 알고 기다렸는데 시간은 자꾸 가서 어느새 슬그머니 사라지고 없어지기도 한다. 이때 연락처를 받아 놓지 않으면 아쉬움이 남는다.

05 임대 계약 기간은 통상적으로 월세 1년, 전세 2년, 상가 임대는 2년으로 한다.

임대 계약 기간은 법으로 정해져 있는 것은 아니므로 임대인, 임차인이 협의해서 6개월이라도 하면 된다.

월세의 경우 전등이 나가도 임대인의 부담이나 전세는 구조적인 문제가 아니라면 임차인이 수리해서 사용하는 것으로 인식되어 있다. 월세는 매달 임대인이 받는 수입이 있기 때문이고 전세는 생기는 것도 없으며(금리가 저렴하므로) 집만 상하고 세입자 좋은 일만 시키는 것이라고 생각하기에 도배, 장판도 임차인이 하고 입주하는 분위기다. 참고하면 좋을 듯하다.

06 물건을 내놓으면서 꼭 살 사람만 데리고 오라고 하는 매도 의뢰인이 있다. 이럴 땐

"저도 바라는 거예요."

"저도 그러면 얼마나 좋겠어요"

"꼭 살 분만 모시고 가서 계약하는 거 제가 더 원하는 거예요."

매도 의뢰인의 생각이 궁금할 때

집합건물들은 시세가 형성되어 있어 매도 의뢰인과 매매 금액에 대해 머리싸움 할 일이 적다. 그러나 단독, 다가구, 상가 주택, 상가 건물 등은 시세가 없다 보니 매도 희망 가격이 종잡을 수 없다.

팔고자 하는 사람의 희망 가격은 하늘 끝이고, 사고자 하는 사람의 희망 가격은 땅끝이다. 이런 이유로 중개사의 역할이 크다. 쌍방에 만

족한 결과가 있어야 거래가 성사되기 때문에 머리싸움을 피할 수 없다.

예들 들면 2억 7천은 꼭 받아달라고 하는 매도 의뢰인이 있다. 집을 매물로 내놓으며 하는 말이, 옆집은 얼마 전에 본인 것과 같은 평수인데 3억에 팔렸다며 3천이나 저렴한 금액에 내놓는 것이니 2억 7천은 꼭 받아야 한다며 간다. 이후 매수 의뢰인에게 매물을 보여주고 나면 매도 의뢰인이 궁금해한다. 집 구경하고 간 사람이 뭐라고 하더냐고. 그러면 이렇게 말한다.

 "사장님 기분 나빠할 것 같아 말하기도 조심스럽네요."

 "아니 괜찮아유. 말해 봐유."

 "너무 터무니없는 말을 해서요."

 "뭐라고 하는데유?"

 "그걸 2억 5천에 달라는 거예요. 말이 안 돼서 전화도 못 드렸어요."

이때 팔 의향이 있으면

 "그래도 잘 해봐유."

잘해 보라고 했지만 당장 그 사람이 산다는 것은 아니니 이럴 땐 이렇게 마무리 하면 된다.

"아니 그래서 제가 2억 5천이면 지금 계약하겠느냐고 했죠. 그랬더니 집에 가서 신랑이랑 상의해 봐야 한다고 하잖아요. 그래서 상의해 보고 돈 가지고 와서 말하자고 했어요. 혹시 사장님이 그 금액에 팔겠다고 하는데 신랑이 싫다고 하면 살 것도 아니면서 괜히 남의 집값만 떨어뜨려 놓는 거잖아요."

"잘했네유."

"네, 연락 오면 연락 드릴게요."

팔 의향이 없으면,

"내가 그 금액에는 절대 못 팔아요. 그것도 옆집보다 3천이나 싼 건데…."

"그러게 말이에요. 저도 어이가 없더라고요. 집을 그냥 달라고 하는 건지, 사장님이 급하게 팔아야 하는 것도 아니니까 천천히 기다려봐요. 손님이 오면 다시 연락드릴게요."

이렇게 중개사가 해야 하는 이유는, 위에서도 말했듯이 처음 물건 내놓을 때는 금액이 하늘 끝이기 때문이다. 물건 접수 당시 5억 5천에 접수 받았고 고객들에게 그렇게 안내하고 있는데 나중에 거래된 금액을 알고 보니 4억 2천에 거래됐고, 3억 8천에 접수 받은 물건은 3억 2천에 거래됐다는 것이다. 그 금액이었다면 나도 거래 성사시킬 수 있었는데 하는 아쉬움이 남기 때문이다.

고객 관리 방법

요즘 누군가의 정보를 많이 가지고 있다면 영업하는 사람에게 큰 재산이 된다. 그동안 사무실을 방문했던 고객들의 연락처나 계약한 고객들의 연락처를 연령대별로 구분해서 정리해 놓으면 좋다.

본인이 일하는 지역에 어떤 개발 계획이나 아파트 분양 등이 있을 때 문자를 보내 본다. 젊은 층이라면 몇 년 후 아파트 분양을 받을 계획이 있을 테고, 30~40대라면 분양도 생각하겠지만 집을 옮길 계획도 있을 수 있고 투자에도 관심이 있을 것이다. 50대라면 전원주택을 위한 토지에도 관심이 있을 것이다. 잘만 활용한다면 사업에 큰 도움이 될 수 있다.

월세는 계약기간이 1년, 전세는 2년이므로 정리해 놓았다가 계약기간 끝날 무렵에 전화나 문자를 보낸다. 대부분의 월세 임차인들은 계약기간이 끝나면 다른 방을 찾아 옮긴다. 지저분하게 청소도 하지 않고 대충 살다가 임대 기간 끝나면 입주 청소를 해놓은 다른 집으로 옷가지만 가지고 옮기는 경우가 많다.

 "작년 이맘때 A빌을 중개한 ○○○ 부동산입니다. 계약기간이 끝나가네요. 다른 곳으로 옮길 계획 있으면 연락주세요. ○○○ 부동산에서 재계약 시 ○○○ 혜택을 드립니다."

무엇이든지 본인들에게 이익이 있을 때 움직이는 것이 인지상정이다. 나도 그렇다. 또한 그간의 계약자나 자신의 사무실을 거쳐 간 고객의 연락처를 입력해 두었다가 1년에 한두 번 정도 문자 보내주는 것도 좋다.

"안녕하세요. ○○○에 위치한 ○○○부동산 사무실 대표 ○○ ○입니다. 부동산에 관한 문의 사항 있으면 언제라도 연락해주세요. 오늘도 건강하고 멋진 하루 되시기를 바랍니다~^^"

 "이번에 동남지구 C아파트 분양이 있습니다. 관심 있으시면 문자 남겨 주세요. 연락드리겠습니다."

"요즘 수익형 임대 주택에 관심 있으신 분들이 많으시더라고요. 공실 걱정 없는 충북대 인근의 좋은 물건들을 많이 보유하고 있으니 관심 있으시면 연락 바랍니다."

월세 임차인들은 내게 물건이 없거나 내가 보여준 방이 마음에 들지 않는 경우, 나의 사무실을 나가면 확률상 99%는 다른 곳에서 계약한다.

전세 임차인들은 전세가 귀해 한두 달 전부터 구하러 다니기 때문에 입주일이 언제냐고 물어보고 메모해 둔 후 물건이 나오면 바로 연락해서 보여준다.

전세 물건 찾는 임차인도 나의 사무실 인근은 다 다녀보고 연락처를 남겨 놨을 것이다. 임대인도 다른 사무실에도 의뢰했을 테니 이때는 순발력이 필요하다. 다른 일 때문에 다음날 전화하면 한발 늦어 후회하게 될 것이다.

우리가 지속적으로 관리해야 하는 고객들이 있다. 구매 의사는 있으나 급하지 않은 고객, 여윳돈은 있으나 마땅히 투자할 곳이 없어 좋고 괜찮은 물건이 나오기를 기다리는 고객, 이런 고객들은 별도의 리스트를 만들어 관리해야 한다. 괜찮은 물건이 나오면 바로 연락하고 한 번 맺은 인연은 지속될 수 있도록 노력하자. 꾸준히 자료를 만들고 정리하다 보면 그 속에서 또 다른 일거리를 창출해 낼 수 있다.

CHAPTER 09

계약 시
유의사항

계약하기로 결정한 것보다 더 중요한 것이 계약서를 어떻게 작성하는가이다. 계약서 작성이 제대로 되지 않았을 때, 초보 개공이 감당하기 힘든 일로 이어진다. 이런 일로 개업한 지 6개월 만에 폐업한 사례도 접했다.

나 또한 실수로 인해 부족하고 미숙한 나를 자책하며 하얀 밤을 보낸 날들이 적지 않았다. 작은 실수라면 당사자에게 사과하고 다시 사무실 방문을 부탁해야 한다. 만약 시간이 없다고 하면 계약서 들고 양쪽으로 몇 차례라도 오가는 수고를 해야 한다. 그리고 다닐 때의 심정이란…. 하지만 그렇게라도 해결할 수 있다면 다행이다.

자칫 실수가 아니라 중개 사고로 이어지기도 한다. 손해배상이나 소송을 통해 판결을 받아 어떤 방법으로든 해결은 되겠지만 그 과정이 매우 고통스럽다. 때문에 계약서 작성은 정말 신중을 기해야 한다.

계약서 작성 시 오타로 인한 실수도 많다.

2063번지를 2036으로 기재하거나 이름을 잘못 기재하여 '이옥균'을 '이욱균'이라고 하고, 201동 303호를 201호 303호로 또는 면적을 잘못 기재하는 등 아주 다양하다.

확정일자를 받고 몇 달 후, 1년 후에 발견되면 문제가 된다. 지번이 다르면 대항력 있는 확정일자를 받았어도 효력이 없다. 다시 받는 경우 우선 변제 순위가 뒤로 밀려나고 최우선 변제 대상에서도 제외될 수 있다. 문제없이 세입자가 퇴실하면 다행인데 보증금 반환의 문제 등이 생긴다면 중개사의 책임으로 이어지는 것이다.

계약서 작성 시 입력해야 하는 정보 사항 한 칸 한 칸에 단 하나의 오타도 없어야 한다.

확인 설명서 또한 동일하다. 체크 사항인 1번, 2번, 3번을 하나하나 확인해야 한다. 가끔 계약서를 작성하고 확인 설명서까지 출력한 후 계약서를 수정했다면 무조건 확인설명서까지 다시 출력해야 한다. 계약서와 확인설명서가 서로 연동되어 있어 계약서를 수정하면 확인설명서 내용도 바뀌기 때문이다. 나도 머리 쓴다고 계약서만 출력하여 마무리한 후 확인 설명서를 살펴보니 확인설명서 내용도 수정해야 했다. 다시 계약서랑 확인설명서를 출력해 여기저기 돌아다니며 서명과 날인을 다시 받고 전달하기 위해 하루를 다 보낸 적도 있다. 잔머리 굴리지 말고 항상 정석대로 하자. 정석대로!

집합건물

(아파트, 연립, 다세대 빌라, 오피스텔, 도시형 생활주택, 집합상가 등)

아파트 매매는 층, 구조, 방향, 가격 조절, 하자, 이사 날짜만 체크하면 된다.

신규 아파트인 경우 하자가 있어도 하자 보수 기간이 있어, 관리소에 접수만 하면 되므로 크게 신경 쓸 일이 없다. 연수가 좀 된 아파트는 하자를 체크하고 리모델링에 관한 사항을 확인해야 하지만 이 또한 크게 어려운 일은 아니다.

> 🖋 리모델링: 어르신들은 도배, 장판만 하고도 리모델링을 모두 했다고 한다. 도배, 장판은 기본이고 샷시 교체(20년 전 것은 알루미늄 샷시로 된 것이 있다.), 문짝이나 문틀 교체, 나무 창문은 하이샷시로 교체했는지, 몰딩이나 걸레받이 교체, 싱크대, 타일, 페인트, 화장실 디일과 천장 교체, 이것이 올 리모델링이다.

단독 주택
(작은 하자가 많고, 위반건축물이 있으니 주의 필요)

단독 주택은 대부분 건축 시기가 30년 전후라고 생각하면 된다. 그러다 보니 작은 하자가 많다. 그래서 단독 주택을 매매할 때는 하자 부분에 대해 특별히 신경을 써야 한다. 대문부터 현관이나 문 등 꼼꼼히 살펴보고 누수의 흔적이 있는지 매의 눈으로 살펴보자. 추후 분쟁이 있을 수 있으니 육안으로 확인되지 않는 하자 여부를 묻고, 확인해야 한다. 또 보일러의 교체 시기나 사용상의 문제점은 없는지 확인해야 한다.

노후된 주택을 매매할 때 주로 쓰는 특약이다.

〈특약 예1〉

01 위 주택은 30년 넘은 주택으로 땅값만 계산된 것이다.

02 위 주택은 노후 된 주택으로 매도인이 매매 대금에서 1,000만 원을 수리 비용으로 감액하여 주고 진행하는 계약이다. 따라서 매수인은 중대한 하자(누수) 외에는 이의 제기를 하지 않기

로 한다. (보일러 포함)

03 위 주택은 노후된 주택으로 누수 등의 하자는 잔금일을 기준으로 잔금 전에는 매도인이, 잔금 후에는 매수인이 책임지기로 한다.

〈특약 예2〉

01 매도인은 잔금일 전에 보일러를 새 제품으로 교체해 놓기로 한다.

02 2층 난간의 파손된 부분은 매수인이 인지하고 인수하기로 한 계약이다.

그리고 단독 주택 매매 시 조심해야 할 것이 있다. 단독 주택은 대부분 어르신들이 짧게는 20년 길게는 30년 이상 거주하던 곳을 자녀들이 내놓는 경우가 있다. 부모님을 요양병원에 모신 상태에서 부모님이 돌아가시면 상속으로 넘어가 복잡해지기 때문이기도 하고, 매매 대금을 병원비로 사용하기 위해서이기도 하다. 이럴 경우 자녀들끼리 의견 조율이 되지 않은 경우가 종종 있다.

매매를 진행하려고 하는 자녀는 아버님이 살아 계시니 직접 요양원 가서 소유자에게 서명 받고 도장 찍어 오면 된다고 생각한다. 그러나 매매를 찬성하지 않는 자녀들이 요양원에 계신 어르신의 건강이나 판단력(치매 등)을 문제 삼아 무효를 주장하면 큰 문제가 된다. 만약 이런 매물이 접수되었다면 모든 자녀의 인감증명서와 위임장을 첨부한 후 진행해야 한다.

✎ 계약할 때 명심해야 할 것은 인감증명서는 발급 일자를 확인해야 하고, 필히 본인이 발급한 인감증명서야지 대리인 발급 인감은 안 된다. 추후 분쟁의 원인이 된다.

다가구 주택

(옵션 동일 리모델링된 상태 동일, 위반건축물 확인)

다가구 주택이 가장 힘들다. 대부분 주인 세대와 샘플로 한두 개의 방만 보고 계약하기 때문이다. 잔금 후 현 세입자가 퇴실하고 샘플로 본 방과 리모델링된 상태가 동일하지 않으면 특약 사항에 기재하지 않은 중개사는 곤란한 처지에 놓이게 된다.

이미 팔고 떠난 대부분의 매도인은 책임지지 않는다. 때문에 매도인, 매수인과 충분한 대화를 나누며 협의해야 한다. 샘플로 본 방 이외에 하자 있는 방이 있는지도 꼭 물어보고 명시하자.

그리고 다가구 주택, 또는 상가 주택, 상가 건물, 다중 주택 등은 대부분 수익률을 보고 매입한다. 그런데 잔금 지급일을 앞두고 계약 기간 전에 퇴실하는 경우가 있다. 이때는 매도인이 계약 기간 동안 책임져야 한다는 것을 계약 시 매도인에게 설명해 주어야 한다.

특히 신경 써서 진행할 것은 위반건축물이다. 이 부분을 확인하지 못하면 중개 실수가 아닌 중개 사고가 된다. 위에 언급한 부분들도 실수라고 하기엔 추후 본인들이 감당해야 할 부분들이 엄청나서 고통스럽겠지만, 이 부분을 체크하지 못하면 계약은 무효가 되고 소송으로까지 이어질 수 있다.

단독 주택 외에 더 체크해야 하는 사항

(1) 옵션이 동일한가?

다가구는 원룸, 투베이, 투룸, 주인 세대로 적게는 5가구부터 19가구로 구성되어 있다. 신축은 옵션 상태가 동일하다고 보고 크게 신경 쓸 필요 없지만 그래도 매도인에게 물어봐야 한다. 가끔 입주하면서 "TV는 빼주세요." 또는 "저는 제가 쓰던 더블 침대를 가지고 와야 하니 침대는 빼 주세요" 하는 임차인 때문에 기본 옵션에서 빠지는 경우가 있다.

대부분의 원룸과 투베이에 기본 옵션(TV, 냉장고, 세탁기, 에어컨, 가스레인지)이 들어가 있고 전자레인지나 침대, 옷장, 책상, 수납장까지 있는 방도 있다. 임차인이 옷장과 침대, 화장대 등을 구입해 사용하다 퇴실할 때 임대인의 허락을 받아 두고 가기도 한다. 입주할 때 침대가 있으면 입주하겠다는 임차인의 요구로 특정 방에만 침대가 있는 경우 등 다양하다.

투룸, 쓰리룸은 살림집으로 인식되어 옵션이 없는 경우가 많다. 또 설치와 철거의 번거로움으로 에어컨과 가스레인지만 있는 경우도 많다. 단독 주택은 옵션이 없다고 보면 된다.

〈특약 예〉

위 주택의 기본 옵션은 TV, 냉장고, 세탁기, 에어컨, 가스레인지로 각 호수마다 옵션 상태가 조금씩 상이하며 기본 옵션 중 205호 TV 없음, 305호 냉장고 없음, 202호 에어컨, 가스레인지만 있음.

(2) 리모델링된 상태가 동일한가?

신축(건축된 지 5년 이내면 신축이라고 한다)이나 건축된 지 10년 이내의 주택이면 크게 손볼 곳은 없다. 그래도 한번은 확인해보자. 위의 옵션 여부와 비슷하다고 생각하면 된다.

건축한 지 짧게는 10년, 15년 정도 지나면 대부분 리모델링 후 신임차인을 입주시킨다. 동시에 전실을 수리하는 것이 불가능하므로 계약기간이 만료된 임차인이 퇴실한 후 리모델링 또는 부분 수리를 한다. 이후에 신임차인을 입주시키므로 리모델링 여부를 특약 사항에 반드시기재하여 중개 실수로 이어지지 않도록 하자.

〈특약 예〉

위 주택은 건축된 지 15년이 넘은 주택으로 각 호실은 리모델링된 상태가 동일하지 않음을 매수인이 인지하고 인수하기로 함.
205호, 208호, 305호는 건축 당시의 기본 상태임.

좀 더 자세하게 하면 좋겠지만 매수인의 신경을 너무 자극하면 계약자체가 어려울 수 있다.

 "수리비가 너무 과한데, 지금 돈도 겨우 마련했는데 견적도 내보고 생각을 더 해보고 다시 해야겠어."

라며 일어나는 경우가 있으니 분쟁이 생기지 않을 정도로 눈치껏 하자. 최소한 리모델링된 상태가 동일하지 않다는 것은 분명히 명시해야한다.

⑶ 방 구성

원룸, 투베이, 투룸, 쓰리룸 등 종류에 따라 방 수량을 설명하자.

⑷ 위반 건축물이 있는지 확인할 때

가구 수가 건축물대장상의 가구 수와 동일한지 꼭 확인하자. 판넬 공사를 한 부분이 있는지의 여부를 반드시 확인하고 특약에 기재해야 한다.

5~6년 전에 건축된 건물에서는 보기 힘들지만 그 이전 건물에서는 흔히 볼 수 있다. 이것은 사용 승인을 받을 때 투룸이었던 것을 사용 승인 후 원룸 두 개로 만든 것이다. 건축물대장상 8가구인데 실제는 10가구가 된다.

이렇게 하는 이유는 방이 많아야 월세 수입이 높아지고, 월세 수입이 높아야 수익률이 높아 매매가 잘 된다.

처음부터 10가구로 하지 못하는 이유는 주차장 때문이다. 주택가의 심각한 주차난으로 건축할 때 호수 대비 주차대 수가 법으로 정해져 있다. 이것은 지자체마다 조금씩 다르다. 청주의 경우 가구 수 대비 70%로 가구 수가 10호이면 주차가 7대 가능한 공간이 확보되어 있어야 한다. 때문에 건축 당시 건축주 마음대로 가구 수를 정할 수 없는 것이다.

현장 방문 시 의뢰인들과 집을 보며 자연스럽게 인식시켜 주면 계약서 작성 시에도 별문제는 없다. 하지만 그 계약을 깨고 싶다거나 뭔가 불만족스러운 일이 있으면 이걸 문제 삼아 해결하려고 한다. 그래서 특약 사항에 기재하는 것을 잊지 말아야 한다.

〈특약 예〉

위 주택의 확장, 구조 변경, 차양막 설치 등의 위반(불법) 부분은 매수인이 현장을 방문하여 확인하였고 매수인이 일괄 승계, 인수하기로 하며 하는 계약임.

(5) 잔금 시 계약 조건이 계약 당시와 동일인지 확인하자

다가구 주택 매매 시 계약 당일 매도인에게 현 임차인의 계약서 지참을 요구해야 한다. 현 임차인의 계약서를 확인하여 보증금 총액을 계산한 후 계약서에 입력해야 하고 보증금은 잔금에서 공제한다. 이렇게 간단히 끝나면 좋지만 잔금 전에 퇴실하는 임차인이 생기는 경우 어떻게 대처해야 분쟁을 막을 수 있는지 알아보자.

계약 기간이 중요하다. 예를 들어보면

매매 계약일: 1월 1일

잔금: 3월 30일

첫째, 현 임차인의 계약 기간이 3월 10일까지라면 매도인은 중개 보수를 부담하면서 신임차인을 입주시키려 하지 않는다. 이때 매수인에게 상황을 설명하고 잔금 지불 전이나 매수인이 중개 보수를 부담하고 세입자를 입주시키는 것이 좋다고 말해주면 매수인도 수긍하고 그렇게 하겠다고 한다. 그리고 잔금일 전에 계약되어 매도인이 10일분 월차임을 수령했다면 중개보수에서 10일분을 뺀 나머지를 매도인에게 중개보수로 지급하면 된다.

둘째, 현 임차인의 계약기간 만료일이 6월 1일인데 그동안 월세를 입금하지 않아 보증금까지 다 소멸되어 2월 1일에 퇴실했다거나, 여러 이유로 계약기간 전에 퇴실하고 잔금일 전까지 신임차인을 입주시키지 못해 공실 상태라면 현 임차인들의 계약 기간을 매도인이 책임져야 한다.

이는 임차인들의 계약 기간 만료일까지는 매도인이 월세도 부담해야 하고 공실인 방의 보증금도 계약 기간이 끝나는 시점에 받아야 한다는 것이다.

다가구 주택은 적으면 5호, 많으면 19호, 다중은 24호까지도 있다. 잔금 지급일 전에 빈번히 일어나는 일이다. 미리 체크하여 매도인, 매수인에게 설명해야 한다. 그렇지 않으면 잔금 일에 월세나 보증금 문제로 분쟁이 발생한다. 그래서 계약 당시를 기준으로 해야 하고 임차인들의 계약 기간도 보장할 것을 매도인에게 꼭 설명해야 한다.

매매할 욕심에 공실이 없다고 말하고 잔금일 전에 다 빠져나갔다고 허위로 말하는 매도인이 있기 때문이다.

〈특약 예〉
매도인은 현 임차인들의 계약 기간을 책임지기로 한다.

⑹ 대출 승계 여부

담보 대출이 있는 경우 일정 기간이 지나지 않으면 중도 상환 수수료가 발생한다(대부분 3년 이내 대출 건에 많음). 그래서 계약서 작성 시 대출 승계 여부를 분명히 해야 한다. 적은 금액은 크게 문제 되지 않지만 대출 금액이 5억, 10억 되는 경우 중도상환 수수료가 많게는 몇백만 원씩 나온다.

계약서 작성할 때 당사자들을 앞에 두고 중개사는 누구의 편에도 설 수 없으니 상황을 고려해 미리 정리해 두면 좋다.

중개를 하면 양쪽의 상황을 모두 알게 되므로 당사자에게 연락하여 준비를 시키는데 매수인에게 말해야 하는 상황이면 그에따라 말해 주자.

 "사장님 대출받으신다고 했는데, 승계받으실 생각이 있으세요?"

 "글쎄~"

 "금융기관마다 금리도 다르니 계약서 작성하는 날 매도인이 대출 승계받을지 물어보면 승계할 은행의 금리가 어떻게 되는지 확인해 보고 내가 거래하는 은행도 있으니 가서 상담해보고 연락 주겠다고 하세요."

계약서 작성을 갑자기 하게 되어 미리 상황 정리를 할 수 없이 맞닥뜨렸다면 중개사가 정리해 줘야 한다. 어느 한쪽이 본인의 의사를 분명히 밝히면 그쪽으로 유도하며 그렇게 가고, 당사자 모두 어떻게 해야 할지 고민하는 듯하면 대출을 승계하는 쪽으로 가는 게 좋다.

일단 계약 테이블에 마주 앉으면, 꼭 팔아야 한다면 매도인이, 꼭 사고 싶다면 매수인이 양보하여 합의점은 찾아지고 계약이 성사되긴 하지만 원활한 계약 진행을 위해서다. 이 외에도 상황을 봐 가며 분쟁이 될 만한 것은 중개사가 미리 정리해 두자.

중도상환 수수료가 있는 줄 알고 대출 승계 조건으로 매매하겠다고 미리 말하는 매도 의뢰인도 있다. 그런 경우는 매수 의뢰인이 계약을 결정했을 때 대출 승계 조건을 설명해야 한다. 매수 의사가 분명한 경우 계약이 순조롭게 진행된다.

〈특약 예〉

01 본 계약의 잔금일에 등기부 등본 을구에 설정된 채권 최고액 1억은 매수인이 승계하는 조건으로 본 계약을 체결한다.

02 등기부 등본에 설정된 채권 최고액 1억은 매수인이 승계하지 않기로 한다.

03 등기부 등본에 설정되어 있는 채권 최고액 1억은 잔금과 동시 상환하기로 한다.

(7) 건물 전체에 계약되어 있는 유선이나 인터넷 등의 승계 여부도 위의 대출 승계 문제와 비슷하다. 계약 당시 건물 전체에서 사용하고 있는 유선이나 인터넷, CCTV, 엘리베이터, 정수기(다중에 있음) 등 계약되어 사용 중인 게 많다. 이 경우 약정 기간이 있어 계약 기간 안에 해제하면 위약금이 발생하는 것이 있어 승계 여부를 분명하게 해야 한다.

계약 당시 당사자와 중개사 모두 이런 부분까지 생각하지 못하고 계약이 진행됐을 때, 이후 매도인 입장에서는 해제하면 300만 원의 위약금이 발생하고 매수인 입장에서는 신규 가입하면 200만 원의 보조금을 받을 수 있다는 것을 알고 "받아라", "못 받겠다" 하는 분쟁이 생기며 중개사도 중간에서 난처하고, 시달리게 된다.

〈특약 예〉

건물에 설치되어 있는 유선 인터넷 등을 매수인이 승계받기로 한다. 또는 승계받지 않기로 한다(매수인이 모르고 있으면 인수하는 방향으로 가자).

월차임을 연납으로 하겠다는 고객 응대 방법

1년분 임차료를 계약 시 일시불로 지불하겠으니 보증금 없이 계약하자고 하는 임차인이 간혹 있다. 그래도 최소한(2~3개월 공과금)의 금액은 입금하도록 해야 한다. 이유는 임차인이 퇴실할 때 임대인은 임차인에게 임대 보증금을 반환해 주기 전, 거주하던 방을 확인하고 파손 유무나 전기료, 또는 난방비, 수도 요금 등의 공과금 정산 여부를 확인하는데, 공과금이 정산되지 않은 상태에서 계약 기간 만료 후 퇴실하고 연락이 안 되면 고스란히 임대인의 부담이 된다. 이 때문에 임차인이 입주한 후 공과금은 임차인 명의로 하도록 해야 한다. 추후 이런 일이 생겼을 때 임대차 계약서를 제출하는 등으로 임대인 책임을 면할 방법은 있지만 번거로움이 있으니 처음부터 확실하게 하는 게 좋겠다.

상가 건물 매매 시

(1) 상가 건물 또한 매매 시 위반건축물 확인은 기본이다

근래에 지어진 신축 상가 건물이 아니면(신축 상가도 있을 수 있다.) 불법으로 확장해서 사용하는 경우가 많기 때문에 신중한 확인이 필요하다.

매도인에게 직접 물어보며 확인해야 한다. 매도인도 중간에 매수한 것이라 모르는 부분이 있을 수 있으니 도면(소유자만 발급 가능)을 발급받아 확인하면 좋다. 또 특약 사항에 그 부분에 대해 매수인이 포괄적으로 모두 인수하기로 했다고 명시하거나 그 내용을 기재해야 한다.

⑵ 상가 건물 매매 시

상가 건물, 공장, 창고, 업무용 오피스텔 등에는 매매 대금 외에 건물분에 대해 10%의 부가세가 따로 있다. 이 부분을 누가 부담할 것인가를 확실하게 해야 한다.

매도인은 계약 당시 아무 말이 없었으니 당연히 매수인이 부담한다고 생각하고, 매수인은 그런 게 있는지도 몰랐다고 하면 계약 당시 확인하지 못한 중개사의 책임이 될 수 있다. 원칙적으로 상가건물의 건물분부가세의 납무의무자는 매도인이다.

매도 매수인이 일반 과세자이면 매도인이 매수인에게 받아 납부하고, 매도인이 세금계산서를 발급해 주면 매수인이 관할 세무서에 세금계산서를 첨부하여 환급받으면 된다. 만약 매도인이 일반 과세자이고 매수인이 간이 과세자이면 매수인이 일반 과세자로 전환 등록하여 환급받으면 된다. 매도 매수인이 동일한 사업자이면 포괄양도·양수하면 된다.

〈특약 예〉

01 위 계약은 포괄양도·양수하는 조건의 계약이며, 포괄양도·양수가 불가능할 경우 건물분 부가가치세는 매매대금과는 별도로 매수인이 매도인에게 지불하기로 한다.

02 위 건물의 부가가치세는 매도인(매수인)이 부담하기로 하고 하는 계약임.

03 위의 매매계약이 포괄양도·양수가 안 될 경우 위 계약은 무효로 한다. 매수인은 계약일로부터 7일 안으로 확인하여 통보할 것 7일 이내로 통보하지 않을 경우 위 계약은 유효한 것으로 하고 건물분 부가가치세는 매수인 부담으로 한다.

가장 깔끔한 것은 세금부분에 대해서는 세무사와 상의하고 오라고 하는 게 가장 좋다. 중개사가 일일이 설명하다 혹여리도 잘못된 정보를 주면 중개사 책임이 된다.

매도인이 사업자가 아니라면 무관하다. 그리고 행정처분 받은게 있는지 확인하는 것도 잊지말자.

상가 임대차 계약 시

상가 임대차 계약할 때 주의해야 할 사항들이 많다.

상가는 신고만 해도 되는 업종이 있고 허가를 받아야 하는 업종이 있다. 신고만 하는 업종은 신고만 하면 끝인데 허가를 받아야 하는 업종은 모든 내부 시설의 공사를 끝낸 후 담당 직원이 현장을 방문하여 관련법(소방, 전기, 가스시설, 비상구, 환풍기 등)에 맞게 해놓았는지 확인하고 허가증을 발급한다.

임대인이 본인 건물에 대해 정확히 모르면 도면을 받아보고 중개하는 것이 맞다.

그래서 공실이었던 상가나 또는 육안으로 확인이 어려운 부분을 고려해 임대인과 현장 방문 시 불법으로 확장한 곳이 있는지 임대인에게 꼭 확인해야 한다. 학교 정화 구역이면 근방 200미터 안으로는 노래방 또는 성인 피시방 등 유흥업소는 허가가 불가능하다는 규제 사항이 있다. 또한 식당을 개업할 목적이라면 정화조 용량의 규제 사항과 전기 공급량을 확인하고 계약 전에 임대인, 임차인과 충분히 협의해야 한다.

상가 임대 의뢰가 들어와 상가를 보여 주고 마음에 들어 계약 의사를 보이면 임차 의뢰인이 원하는 업종의 허가 여부가 확실한지 임차 의뢰인이 관할 시군구에 허가 여부를 확인한 후 계약서 작성을 해야 한다. 임차 의뢰인이 허가 내용을 확신한다면 작성해도 좋다(그래도 특약 사항 기재는 꼭!).

대부분 임차 의뢰인들은 허가 여부를 본인들이 알아보고 온다. 전에 하던 영업을 인수하는 경우, 가끔 허가 없이 불법으로 하는 영업장도 있으니 항상 확인해 보고 계약서 작성을 하자.

폐업 신고 여부를 확인하지 않고 임대 보증금을 내준 경우, 폐업 신고가 되지 않았다면 여러 절차를 밟아 임대인이 해야 한다. 폐업 신고는 임차인만이 할 수 있는 것이 원칙이다. 임차인이 폐업 신고를 하지 않고(임차인의 신분증과 도장을 가지고 대리인이 할 수는 있다.) 연락도 불가능하면 임대인이 여러 소명 자료를 가지고 시군구에 가서 확인받은 뒤 세무서에 제출해야 하는 복잡한 절차를 밟아야 한다.

상가 임대 시 기존의 영업장을 인수받을 때는 그대로 포괄양도·양수 하면 좋다. 현 임차인과 신임차인이 관할 행정기관에 방문하여 하면 된다. 이때 담당자가 실사 나오지 않아서 좋다.

하지만 이것도 현 사업자는 가능하나 신규 사업자는 허가가 안 될 수도 있으니 항상 확인이 필요하다. 법은 자주 바뀌므로 조금이라도 의심되면 관할 시군구에 확인하는 게 좋다.

영업하던 곳을 인수하는 경우 대부분 권리금(시설권리금, 바닥권리금, 영업권리금)이 있는데 권리금도 권리금 계약서(권리금 계약은 중개사법과 무관하므로 계약서 작성, 교부 의무는 없다.)를 작성한 후 입금하라고 하는 게 좋다.

중개사들이 권리금의 10%를 중개 보수 외의 컨설팅비로 요구하는 관행이 있는데 이것은 협의 사항이므로 능력껏 받으면 된다. 대부분은 다 못 받는다고 한다.

일목요연하게 정리 한 번 해보자.

01 동일 업종이라면 **포괄양도ㆍ양수**가 가장 좋다.

02 전 세입자가 **사업자 말소**(폐업 신고 안 하는 것이 더 좋은 경우도 있다. 허가받기 까다로운 곳. 이때는 전 임차인의 협조가 필요하니 사이가 좋다면)를 했는지, 요식업이었다면 **요식업 등록 말소**(요식업 협회)까지 했는지, 체인점이었다면 **가맹점 종료**를 했는지 확인해야 한다.

03 **포스기** 등 사용하는 것의 승계 여부를 확인해야 한다.

04 **배달의민족, 요기요**에 가입되어 있다면 이것까지도 승계받아야 한다.

05 **전기 승압 여부**, 신축인 경우 **모자 분리** 문제
전기는 건물마다 기본 공급량(한 점포당 5킬로와트이면서 건물 전체 100킬로와트 등)을 정해 놓는다. 기본 공급량을 초과하는 경우 필요한 전기 공급량을 근처 전봇대(케이블 설치)에서 직접 끌어와야 한다. 승압할 때는 킬로와트당 별도의 요금을 부담해야 하고, 공사비 또

한 별도로 부담해야 한다. 임차인이 승압하여 사용하다 임차 기간 만료 시 유익비를 청구할 수 있으니 청구할 수 없다는 등의 특약 사항을 넣어도 좋다.

06 **권리금**이 있다면 서랍 속이나 수납장 안쪽까지 확인하고 사진과 동영상을 찍어 놓자(시설물 일체를 모두 넘겨 주겠다고 하고 안쪽에 있는 것이 사라져 분쟁이 됨).

07 대형 음식점은 오수가 많이 배출되므로 오수가 나오는 것으로 계산하여 하수도 원인자 부담금이 있는데 3~4천만 원 납부해야 한다. 한 번만 납부하는 것으로, 전에 식당이 있었다면 납부하지 않아도 되니 신축 상가에 식당이 입점한다고 하면 이 부분을 확인하고 임대인, 임차인 누가 부담할 것인지 확실히 해야 한다. 신축 상가를 임대할 때 더욱 철저히 확인해야 한다.

08 **위반(불법)건축물**이 있으면 허가를 받을 수 없다. 원상복구를 해야 가능하다. 혹은 이행강제금이 해마다 나오는데 주인이 내고 있다면 특약 사항에 앞으로 누가 납부할지 명시할 것.

음식점, 커피숍 등에 가보면 수납장이 부족해 다락방처럼 만들어 놓은 공간이 있는데 이것도 위반 건축물에 속한다.

09 상가 임대 시 빠질 수 없는 게 **렌털프리**다. 임차인들의 사용 용도에 맞게 공사 또는 인테리어를 해야 하는데 그 기간 영업을 할 수 없어 임대료를 무상으로 해주는 것이다.

공사 기간에 따라 다소 차이는 있지만 사무실은 15일, 요식업은 한 달, 규모가 크면 2~3개월도 준다. 임차인들은 렌털프리 기간을 오래 잡아주기를 원한다. 임차인이 약자라 생각해 가능한 한 최대한 많이 잡아주려고 노력한다.

렌털프리를 주는 경우 계약서를 작성할 때 보증금은 100% 입금하라고 하자. 계약 시 계약금만 준비해 왔다면 공사 시작 시점을 확인하고 공사는 보증금이 다 입금된 다음부터 해야 한다고 하고, 보증금 모두 입금받은 후 상가 키 또는 비밀번호를 알려주자. 계약 기간은 임차료를 입금하는 날부터다. 임대인과 협의할 때 어떤 업종이든 일단은 렌털프리 기간을 한 달은 줘야 한다고 말해본다. 한 달 주는 것은 어렵다고 말하면 최소 보름 이상은 잡아주자. 요식업의 경우 2달 정도 말해보고 안 된다고 하면

 "사장님, 음식(커피숍, 제과점, 기타 등등)은 인테리어 비용이 몇천만 원씩 들어서 한 번 들어오면 나가기가 쉽지 않아요. 혹시라도 나가려고 하면 시설 권리금을 조금이라도 받으려고 새로운 임차인을 구해 놓고 나가기 때문에 앞으로 임대 걱정은 없어요. 지금 두 달 월세 못 받는 게 중요한 게 아니에요. 요즘 손님도 없으니 그냥 두 달 후에 임차인이 들어왔다 생각하세요."

임대인에게는 위의 부분이 정리됐는지, 공과금 정산, 원상복구, 시설물 상태를 확인하고 보증금을 반환해 주라고 안내해 주면 좋다.

 대부분 상가에는 도시가스가 들어와 있지 않다. 식당은 화력이 좋은 LPG를 많이 쓴다. 가정용 도시가스는 열효율이 낮아 요금이 더 나올 수 있다고 하는데 업종에 따라 다를 수 있다. LPG 공사를 하는 경우 내부 배관까지 다 해준다. (지역마다 다를 수 있으니 참고만 하기 바람.)

〈특약 예〉

01 영업에 필요한 인허가 사항은 임차인 부담이며 임차인이 확인한 후 진행하는 계약으로 임대인은 적극 협조하기로 한다.

02 계약서상에 명시한 업종의 불허 시 쌍방 귀책사유 없이(계약금은 반환) 계약은 해제되는 것으로 한다. 단 임차인은 계약일로부터 7일 이내에 허가 유무를 확인하고 임대인에게 통보하기로 한다. 단 7일 경과 시 위 계약은 유효한 것으로 한다.

03 매월 입금해야 하는 월차임(부과세 포함)과 관리비 15만 원 외에 추가 부담금은 없는 것으로 한다.

⑼ 가압류, 가처분, 압류, 가등기 등의 소유권 외의 권리관계가 있는 것을 중개해야 하는지?

등기부상에 이런 권리관계가 있으면 우선 당황하게 된다. 다행히 혼자 확인하다 알았다면 대처할 시간이 있지만 매도(임대인)인, 매수(임차인)인 앞에서 처음 알게 되었다면 순간 당황하게 된다.

일단 가처분, 가등기가 있는 것은 가처분, 가등기보다 후순위의 권리는 모두 소멸되는 것이다. 매매인 경우에는 위의 권리가 말소된 뒤 진행하거나 계약과 동시에 말소하는 동시 이행 조건이 아니라면 진행하지 말자.

이 경우 후순위라면 임대차보호법 보호도 받을 수 없다. 최우선 변제 보호 대상도 아니다. 담보가등기인 경우는 최우선 변제가 가능하지만 등기부 등본에는 보전가등기(소유권)인지 담보가등기(금전소비대차)인지 명시되어 있지 않아 진행을 멈춰야 한다.

압류는 정부에서 세금을 연체했을 때 하고, 가압류는 개인이 돈을 받기 위해(임차인의 보증금, 대여금, 공사 대금, 물품 대금 등) 하는 경우이다. 만약 매매 금액보다 적다면 이 또한 계약일에 동시 이행하는 방법으로 중개해도 된다. 임대인의 경우도 선순위 금액이 적으면 진행 가능하나 신중해야 한다. 단, 채권 최고액이나 가압류 등의 금액이 매매 금액보다 크면 계약하지 않는 게 좋다.

전세 계약 시

(1) 전세 계약 시 선순위 권리가 있는 경우 중개사들이 특약 사항으로 "임대인은 잔금일에 등기부상의 채권 최고액 1억을 상환하고 말소하기로 한다."라는 내용을 기재하는데 이 특약만 기재해 놓고 안심하면 안 된다.

임대인 중에 전세 보증금을 받아 상환 말소를 하지 않는 경우가 간혹 있다. 잔금일에 임대인, 임차인, 중개사 셋이 금융기관을 방문해 상환하고 말소 신청 접수증까지 확인해야 한다. 또한 4~5일 후 등기사항 증명서를 발급해 말소 내용을 확인하고 임차인에게 사진 찍어 보내준다. 계약서 작성할 때 이 부분에 대해 협의한 후 계약서를 작성해야 한다.

잔금일에 갑자기 은행에 함께 가야 하느니 이런 말을 꺼내면 임대인이 자기를 못 믿느냐며 기분 나빠 하거나 계약을 하지 않겠다고 하는 난감한 상황이 생기기도 한다. 그래서 계약서를 작성하고 정보동의서에 사인받은 후 계약을 진행하며 매수인에게 채권 최고액 1억이 있는 것을 확인시켜 주고 당사자 모두에게 이렇게 말해준다.

"여기 소유권 외의 권리 사항을 보면 채권 최고액 1억이 있잖아요. 이건 여기 사장님께서 잔금일에 전세보증금 받아서 상환하고 말소해주기로 했으니까 그날 함께 가서 하면 돼요."

그리고 이어 양쪽 쌍방을 한 번씩 번갈아 보며,

 "그날 진행이 어떻게 되느냐 하면 일단 두 분이 여기 오셔서 공과 금 정산한 거 확인하고 인수할 거 인수해준 후에 두 분 사장님과 저와 셋이 함께 은행에 가서 상환하고 말소 신청 접수증을 임차 인에게 확인시켜주고 끝날 거예요."

하고 진행 과정을 설명해주면서 그날 "오전 10시로 할까요?" 하며 항상 이렇게 한다는 듯이 자연스럽게 하는 것이다.

> ✒️ 판례에 의하면 말소됐는지 확인하는 것까지가 중개사의 의무라고 한다.

(2) 전세권 설정. 대항 요건(인도＋전입신고) 있는 확정일자 어떤 것이 유리한가?

집합건물은 등기부 등본이 하나로 되어 있기 때문에 전세권 설정과 확정일자가 동일한 효력을 갖는다. 다만 전세권 설정자는 계약기간 만료 전이든 후든 전세금을 받지 못하고 거주지를 다른 곳으로 옮긴 경우 전세금에 대해 보호(선순위일 경우)를 받을 수 있다.

하지만 토지와 건물이 구분되어 있는 단독, 다가구 주택 등은 토지와 건물이 별개의 부동산으로, 전세권 설정은 대부분 건물에만 한다. 때문에 경매 시 건물 낙찰가에서만 우선 변제를 받을 수 있어 대항력 있는 확정일자보다 불리하다.

그래서 건물과 토지가 분리되어 있는 단독 등은 전세권 설정을 하려면 토지, 건물 모두에 해야 한다. 만약 전세권 설정과 대항력 있는 확정일자 둘 다 해두었다면 경매 진행 시 둘 중 본인이 유리한 것을 신청하면 된다.

대부분 일반인은 전세권 설정만 해놓으면 전세보증금 보호가 확실하다고 생각하므로 중개사의 정확한 안내가 필요하다.

그리고 요즘은 보증보험회사 가입도 많다. 경매 진행 시 배당받지 못한 전세금에 대해 보장도 되고, 계약기간이 만료됐음에도 전세금 반환이 안 되면 보증보험회사에서 지급해 주기 때문이다. 전세금에 대해 불안해하는 고객들에게는 이런 방법도 있다고 안내해 주면 좋겠다.

(3) 경매 낙찰금의 2분의 1 한도 내에서 최우선 변제

경·공매 시 소액 보증금은 다른 담보물권자보다 최우선적으로 변제받을 수 있어 안전하다. 그러니 걱정하지 말라고 안내하는 경우 의뢰인들은 소액이면 다 받을 수 있다고 생각할 수 있다. 그래서 정확하게 안내해 줘야 한다.

소액인 경우(지방마다 다름) 정확하게는 건물에 대한 낙찰금 2분의 1 한도 내에서 최우선 변제하고 부족하면 토지낙찰금(단 최우선 변제 대상자가 많아 최우선 변제금이 부족한 경우 안분 계산한다는 것을 안내하자.)에서 또 최우선 변제한다는 것을 알고 있어야 한다.

월세 임대차 계약 시

월세는 보증금이 적어 특별한 경우가 아니면 대부분 최우선 변제 범위 안에 들어간다. 때문에 권리 분석 면에서 크게 신경 쓸 일은 없지만 보증금이 크면 주의해야 한다. 임대 보증금이 100~300만 원 정도로 많지 않음에도 과한 걱정을 하는 임차인이 있다. 이때는 이렇게 말한다.

"임대인이 더 걱정이죠. 월세 한두 달 내고 계속 안 내봐요. 서너 달 지나면 보증금 다 사라질 텐데요. 사모님은 집에 무슨 문제가 생기면 월세 몇 달 안 내고 살다 나가면 되죠. 최우선 변제도 되고요."

원·투룸의 월세 임대는 방을 보고 그 자리에서 바로 계약하는 경우가 대부분이다. 임대인은 바로 올 수 없고, 입주는 바로 하는 경우가 많기 때문에 임대인들이 중개사에게 위임을 많이 한다.

이때 계약서를 작성하여 계약서 앞면을 사진으로 찍어 임대인에게 보내주며 특약 사항을 확인해보고 이대로 진행해도 되는지 확인한다. 동의하면 임차인에게 사인을 받고 개공 도장을 찍은 뒤 계약서 앞면 한 부만 복사해서 임차인에게 준다.

계약서에 임대인의 서명 날인을 받아 입주 당일 수령을 약속한다. 만약 임차인이 원하지 않는 경우 가계약서 작성 후 임대인과 시간을 맞춰 본 계약서를 작성하자.

이때 주의할 사항은 임차인이 요구한 사항을 임대인에게 정확하게 알리고 특약 사항에 기재해야 한다. 대면하고 한 계약이 아니므로 내가 이걸 언제 해준다고 했느냐며 딴소리하는 임대인이 간혹 있어 중간에서 중개사가 곤욕을 치르기 때문이다.

쓰레기 처리 문제

주택 매매 시 매도인은 내외부 짐을 모두 빼고 건물만을 인도해야 한다. 그런데 단독, 다가구 주택 매매 시 옥상, 지하실, 뒷마당, 차고, 계단 아래 등에 사용할 수 없는 물건이나 쓰레기를 남겨두고 가는 매도인이 있어 분쟁이 되기도 한다. 계약서 작성 시 매도인에게 확약을 받아야 한다.

집합건물이 아닌 주택 등의 매매 시는 잔금일 전에 정화조 청소(오·폐수 통합 관로 매립지역은 예외)는 기본이다. 잔금일에 정화조 청소한 영수증을 첨부하게 해야 한다. 잔금일에 확인하여 누락되었다면 요금을 받아 매수인에게 전달하자.

〈특약 예〉

잔금일에는 건물만을 인수받기로 한다(건물 내외부 쓰레기 처리, 정화조 청소 포함). 쓰레기 등의 잔여물이 있는 경우 잔금의 1%는 처리 후 입금하기로 한다.

계약금 일부가 들어간 상태에서의 계약

계약금 일부가 입금됐는데 벌써 다른 집을 구하겠다고 하거나 이삿짐센터를 불러 견적을 받아 보고 이사 날짜를 잡겠다는 성격 급한 분이 가끔 있다. 이런 경우 계약서를 작성한 후로 미루라고 당부하자.

계약서를 작성하고 계약금 10%가 넘어간 후에 해야 한다. 계약금을 10%로 입금하고도 깨지는 계약이 있는데 계약금 일부 입금된 상태에서는 더욱 불안하다.

"사장님 계약금의 일부는 입금됐지만 계약서 작성할 때까지 무슨 일이 일어날지 모르는 게 세상사예요. 계약서 작성하고 계약금 10% 입금받은 다음에 계약하세요. 간혹 피치 못할 사정으로 계약금 일부를 포기하고 계약 안 하시는 분들도 계세요. 무엇이든지 확실하게 하는 게 좋잖아요."

계약서를 작성한 게 계약의 확정이 아니고 계약금이 입금되어야 계약이 완성되는 것이다. 계약서 작성한 후 계좌 이체가 안 된다며 은행 가서 입금하고 오겠다며 나간 고객이 사라져 버리는 경우도 있다.

대리인 계약

가끔 대리인이 오는 경우가 있다. 이때는 위임장과 인감증명서를 확인한 후 계약을 진행하자. 인감증명서는 본인 발급 여부를 꼭 확인해야 한다. 가끔 대리인 발급이 있는데 이는 분쟁의 소지가 있다.

그리고 발급일로부터 3개월 이내의 것이어야 법적 효력이 있다는 것을 기억해 두자(통상적으로). 대리인이 첨부 서류를 모두 갖췄다고 해도 계약서 작성 시 소유자에게 전화하여 한 번 더 확인하자(사실 인감의 법적 효력 기간은 없다고 한다. 필요한 기관에서 요구하는 대로 1개월 이내에 발급받은 것을 제출하라고 하면 해야 한다).

"안녕하세요, 사장님, ○○○ 부동산 사무실입니다. 지금 119번지 전세 계약을 진행하는 중인데요, 사모님께서 인감이랑 위임장을 가지고 오셨네요. 그래도 소유자분께 한 번 더 확인하려고 전화 드렸습니다. ○○○호 전세 1억에 계약하는 것 알고 계시죠? 이후 이 계약에 대한 모든 부분은 사모님과 협의하고 진행하는 것에 동의하시죠?"

이렇게 말하고 통화 내용을 녹취해 두자.

전세 자금 대출

전세 자금 대출을 이용해 전세를 구하려는 임차인들이 많다.

청년 대출, 신혼부부에게 해주는 보금자리 대출, 세대주 전원이 무

주택자인 경우 해주는 버팀목 대출, 저소득층에게 해주는 LH 전세 자금 대출, 직장인들에게 은행에서 해주는 전세 자금 대출 등 다양하다.

그런데 이런 대출을 받기 위해 제출해야 하는 서류에 도면을 요구하는 경우가 있다. 이런 경우 건축물대장에 없으면 대출이 불가능해 중개 실수로 이어질 수 있다.

구조 변경을 한 경우 건축물대장과 도면에는 한 층에 4가구만 있는데 실제는 6가구인 경우다. 1, 2, 3, 4호가 아닌 6호를 계약한 경우 대출이 불가하다. 그래서 도면을 요구하는 경우 임대인들은 거부한다. 전세 자금 대출받는다고 하면 금융기관에 제출 서류가 무엇인지 물어보고 진행하는 것이 좋다.

그리고 전세 자금 대출 신청할 때는 계약금 지급 영수증을 첨부하라고 하거나 특약 사항에 선순위 권리로 인해 경매 시 보증금 반환이 불가할 수 있다는 특약 내용은 없어야 한다는 등 은행마다 요구 사항이 조금씩 다르다. 그런 것을 알고 대출받는다고 하면 은행에서 요구하는 것이 정확하게 어떤 것인지 미리 알아보게 하면 일 처리의 번거로움(계약서를 2, 3번 다시 작성)을 피할 수 있다.

토지 매매 시

토지를 매매할 때는 허가 유무가 가장 중요하다. 매수인에게 사용 용도가 무엇인지 물어보고 사용 용도에 맞는지 확인을 해야 한다. 건축과에서는 도로만 확인하고 허가된다는 답변을 한다. 건물 또는 창고 등을 건축하려고 하니 도시계획과에서 어떤 용도지구, 용도구역으로 지정해놓아 허가가 안 나기도 한다.

중개사가 일하는 지역으로 잘 알고 있다면 무관하지만, 본인이 주로 거래하는 지역이 아니거나 도심 지역으로 슬럼화되어 있는 지역들은 한 번 더 확인해 봐야 한다.

그리고 시골의 토지는 사도로 진출입하는 경우가 많기 때문에 매매하고 나서 분쟁이 많다. 가장 정확한 것은 시군구의 건축과에 사전 심사를 받는 것이 확실하다. 그런데 토지 주인들이 잘 안 해주려고 한다. 혹시라도 허가가 안 난다는 승인이 떨어지면 매매하기가 힘들거나 토지 금액이 많이 떨어지기 때문이다.

새로운 개발 행위를 하기 위해 매입하려고 할 때 허가 여부를 중개사에게 알아봐 달라고 하는 의뢰인들이 있는데, 그때는 이렇게 말해준다.

"허가 사항은 그쪽 전문가에게 직접 문의해 보세요. 토목 사무실이나 건축 사무실에 문의해 보시면 될 거에요. 제가 알아보는 데는 한계가 있거든요. 정확하지 않을 수도 있고요."

> ✎ 계약금, 중도금, 잔금 등 모든 입금은 항상 당일 날짜로 등기사항 증명서를 발급 받아 확인하고 소유자 계좌로 입금하는 것을 명심하자.

CHAPTER 10

계약서 작성 방법

계약서 작성할 때 10번이라도 아니 수없이 강조해도 과함이 아닌 것이 있다. 당사자들의 말을 듣고 꼼꼼하게 체크하고 특약 사항에 기재하는 것이다. 이 정도는 이해하겠지, 이 정도는 괜찮겠지 하는 것은 나만의 생각이고 착각이다. 당사자에게 조금의 불이익만 생기면 바로 안색이 바뀌고 할퀴며 달려든다는 것을 잊지 말자. 몇억짜리 사고팔아도 만 원짜리 한 장 가지고도 시시비비를 가린다. '돈 때문에 그러는 것이 아니라 분명히 하자는 것'이라며….

맞다! 분명히 해야 한다. 분명히.

계약서 작성 소요 시간은 매매는 보통 1시간, 임대차는 30분 정도 소요된다. 계약서 작성 당일 중개사는 계약일 날짜로 각종 서류를 발급받고, 매도(임대인) 매수(임차인)인이 사무실에 도착하면 당사자 신분증을 받아 본인임을 확인하고 복사를 하며 시작을 한다.

계약서 작성할 때 발급 서류

집합건물은 등기사항증명서만 발급받으면 되고, 토지와 건물로 구분되어 있는 것은 등기사항증명서(토지, 건물 모두 발급), 건축물대장, 토지대장, 지적도, 루리스(토지이용규제확인원), 씨리얼(개별주택가격확인)을 발급받아야 한다. 암튼 발급받을 수 있는 공부나 서류는 다 발급받아야 한다. 그럼 의뢰인이 볼 때 꼼꼼하고 정확하고 빈틈없이 일하는 중개사로 보여지고 일 또한 확실하게 하는 능력 있는 중개사로 느껴져 믿음도 팍팍 가고 중개보수 깎을 생각도 안 하다. 그저 이런 중개사 만난 게 천운이구나, 감사하다 생각을 한다. ㅎㅎ 그리고 단골이 된다.

 계약일 당일 발급받은 각종 공부나 서류는 한 부씩 복사해 놓자(실거래 신고할 때 계약서 보고 하지 말고 이 서류를 보고 하자. 계약서에 오타 있을 수도 있음).

01 중개 대상물의 **소재지는 지번**으로 기재한다.
02 계약자인 **매도인**(임대인), **매수인**(임차인) 난에는 **도로명**으로 기재해야 한다.
03 계약 시 주소는 주민등록상 최종 주소지(거주지 주소 아님)이다. 잔금 전에 주소가 바뀌어도 무관하다.

한방에서 계약서 작성을 한다면 첫 줄인 계약서 종류부터 선택하며 시작하게 된다. 아파트, 주택, 다가구, 상가 중 무엇인지 선택하고, 매매인지 전월세인지 등 하나하나 빈틈없이 체크해 나가야 한다.

계약서 작성할 때 처음의 기재 사항이 소재지다. 중개 대상물 주소를 기재하는 것인데 정확히 쓰자. 오타로 인한 실수로 고생하는 경우가 많아 한 번 더 주의를 강조한다.

• 계약서 작성 시 발급받은 서류에서 확인할 사항

01 등기사항증명서

· 소유자 확인, 소유권 외의 권리 사항(채권 최고액, 전세권 설정, 압류 등 기타 확인)

· 나의 경우 현재 유효 사항만 발급받는다(아파트 등 집합건물은 부동산 구분에서 집합건물로 설정).

02 건축물대장

· 위반건축물 확인(중요)

· 다가구 주택은 건축물대장상 가구 수와 실제 가구 수가 동일한 지 확인한다(건축물대장을 보며 현 소유주에게 한 번 더 확인하는 것이 좋다).

· 실제 용도와 공부상 용도가 동일한지 확인한다.

· 연면적 확인

· 건물의 구조: 철근콘크리트, 조적조 등 확인한다.

· 용도: 근린생활시설, 다가구 주택, 단독 주택 등을 확인한다.

· 내진 설계 적용 여부: 기재 사항이 없으면 "해당 없음"이라고 기재한다.

03 토지대장

· 토지 면적, 개별공시지가를 확인한다.

· 소유자도 등기사항증명서와 동일한지 확인한다.

04 지적도

· 토지의 생김새와 위치를 확인시켜준다.

05 토지이용규제확인원(루리스)

· 공법상 이용 규제 사항, 건폐율, 용적률, 용도지역, 지구, 구역, 도로를 확인한다.

· 개별 주택 가격, 토지 공시지가를 확인한다.

• 토지 면적은 토지 등기사항 증명서와 토지대장의 면적, 토지이용규제확인원의 면적이 모두 동일한지 확인한다. 가끔 다른 경우가 있어 어느 것이 맞는지 확인해야 분쟁을 피할 수 있다.
• 소유자가 등기부 등본상, 건축물대장상, 토지대장상 동일한지 그 여부를 확인한다.

등기사항 증명서를 보고 그동안 변동 사항이 있는지(소유자, 소유권 외의 권리 등) 다시 한 번 확인해보고 계약서에 입력 사항이(미리 작성해 놓았다면) 정확한지 확인해 본다. 이렇게 계약서 작성하는 데 필요한 모든 서류를 다 발급받아 놓고 계약서를 작성한다.

계약금은 10% 입금하는 것이 원칙이다

중개사는 계약금을 10%로 해야 한다는 원칙을 고지하고 확인시켜줘야 한다. 그럼에도 당사자들의 협의하에 10% 이하로도 무관하다고 한다면 그때는 진행할 수밖에 없다.

계약 당시에 10%가 되지 않고 며칠 후에 돈이 가능하다고 하면 중도금은 10일 또는 15일 안에 입금하게 하도록 하는 게 좋다. 계약금이 적으면 중간에 계약이 깨지기도 하기 때문이다.

예를 들어 매도인 입장에서 계약금을 500만 원 받았지만 2,000만 원을 더 준다는 매수인이 나타나면 배액으로 1,000만 원 돌려줘도 1,000만 원이 이득이니 계약을 파기할 수 있다. 또 매수인 입장에서 며칠 지나고 보니 더 마음에 드는 물건이 저렴하게 나오면 계약금을 포기하고 그 물건을 계약할 수 있다.

계약일을 정했다면 매수인에게 계약금은 어떻게 준비해 올 거냐고 물어보자. 계좌이체를 하겠다고 하면 1일 이체 한도액을 확인해야 한다.

이체 한도에 대해 모르겠다고 할 수 있다. 이때는 수표로 발행해 오라고 일러 주자. 그 자리에서 중개 보수를 받기도 수월하다.

수표로 준비해 왔다면 뒷면에 이서를 받은 뒤 한 부 복사한 후 매도인에게 전달하자. 복사한 수표는 계약서와 함께 보관하자.

'한방'의 계약 관리를 살펴보면 위쪽에 영수증 등 관리 서식에 영수증 양식이 있다. 출력 후 작성하여 중앙에 도장을 찍고 반으로 절개한 후 한 부씩 준다.

계약서 작성하는 당일 임차인이 있다면 현 임차인의 계약서를 준비해 올 것을 당부하자. 현 임차인의 보증금 총액을 매매 대금에서 공제해야 하기 때문이다. 정확한 잔금 액수가 확인되어야 매수인이 잔금을 준비하는 데 도움이 된다. 매도인이 가지고 온 현 임대 계약서는 한 부 복사해 두고 매도인에게 돌려주면서 잔금일에 가지고 오라고 일러준다. 월임차료는 선불인지 후불인지 확인하고, 전세여서 관리비를 연납(집합건물 제외)으로 수령한 것은 잔금일에 일별로 계산해 정산한다(잔금일 2~3일 전에 매도인에게 전화하여 임차인의 변동이 있는지 확인해야 한다. 잔금이 바뀔 수 있다).

잔금은 주중 오전 중에

매매의 잔금일은 계약일로부터 2~3개월 후로 많이 잡는다. 그리고 잔금은 주중에 해야 하고 오전에 해야 한다. 오후 2시 이후는 가급적 하지 말자. 계약서 작성 전날,

"내일 오전 10시 계약입니다. 신분증, 도장 지참해 주시고요, 내일 뵙겠습니다."

이렇게 문자 보내고, 매수인에게는 "계약금 10% 준비해주세요."라는 문구도 넣자. 고객들은 끝없이 깜빡하지만 아주 사소한 부분이라도 중개사가 놓치면 바로 얼굴색이 변한다.

도장이 없다면 사인을 받으면 된다.
계약서 쓰는 당일 아침 일찍 문자 한 번 더 넣어준다.

"오늘 오전 10시 계약입니다. 시간 엄수해 주시고요, 조심해서 오세요."

계약서는 하루 전에 대략 작성해 놓자(계약서 작성 당일 날짜로 변경하는 것 잊지 말고). 특약 사항에 명시해야 하는 것들 메모해 둔 것, 계약금의 일부 입금한 날 보낸 문자 내용이나 가계약서 작성 시 메모했던 내용들을 확인하고 특약 사항에 대략 기재해 놓자(모든 공부나 서류는 계약 당일 다시 발급받아 확인하는 것은 기본).

여기서 잠깐!
잔금일 잡을 때 초보 티 나지 않게 하자.

계약서를 작성하면서 정확한 잔금일를 잡게 되는데 두 달 후로 하자고 한 경우 이때 달력을 보며

"두 달 후면 3월 25일인데 이날로 할까요?" 하면 의외로 많은 분들이 "토요일에 쉬니까 28일 토요일에 하죠." 또는 "일요일에 합시다." 하는 분들이 많다. 이때 생각 없이 "네" 대답을 하고 계약서를 작성한다.

잔금은 공휴일에 하면 안 된다. 잔금과 동시에 법원에 가서 등기 접수를 해야 하고, 대출을 빌린다면 금융기관에서는 대출 실행도 해야 한다. 그래서 주중에 해야 하고 늦어도 2시 이전에는 해야 한다. 그래서 의뢰인들이 지정한 날이 토요일이면

"사장님 잔금은 휴일에는 할 수가 없어요. 그날 법원 가서 등기 접수도 해야 하고, 매수인께서 대출도 받았는데 쉬는 날은 은행도 쉬잖아요? 그래서 잔금은 주중에 하셔야 합니다. 잔금 하는 날은 하루 휴가 내세요. 27일 금요일 어떠세요? 아니면 그다음 주 월요일인 30일로 하시지요?"

시간이 흐른 뒤 생각해 보면 웃을 일이지만 초보 때 이런 실수가 의외로 많다.

> ✍ 특약 사항 기재하기 전에 한 번 더 확인!
> 현장을 방문하여 구석구석 살펴본다고 하지만 매도인이 말해 주지 않으면 확인이 안 되는 것들도 있다. 특약 사항 기재할 때 한 번 더 매도인에게 확인해 본다.

"사장님 집 상태는 파악이 됐지만 사용해야 하는 것들 중에 수리할 곳이 있으면 말씀해 주세요. 수리비로 1,000만 원 감액해 주기는 하셨지만 알려주시면 수리할 때 참고하려고요."

공동 명의인 경우

요즘은 공동 명의가 많다.

공동 명의인 경우 계약금, 중도금, 잔금도 반씩 입금하는 것이 좋다. 간혹 계약 당시에는 부부 사이가 좋았지만 계약 진행 중에 사이가 악화되어 이혼을 고려하는 경우가 있다. 이때 매도인이 계약금의 배액을 상환하고 계약을 해제하는 일이 생기기도 하는데, 이 경우 매도인은 입금한 사람 앞으로 입금하겠다고 하고 매수인은 공동 명의였으니 반반씩 입금해줄 것을 요구할 수 있다. 이를 위해 부부 공동 명의로 계약 시 한 사람 명의로 입금하겠다고 하면 특약 한 줄 넣어준다.

〈특약〉

위 계약은 매수인이 공동 명의로 잔금 전에 계약상의 문제로 반환금이 발생할 경우 공동 명의자에게 2분의 1씩 반환하기로 한다. 또는 홍길동 님에게 반환하기로 한다.

(1) 임대인이 공동 명의인 경우

이 역시 마찬가지다. 이럴 때는

"공동 명의라 계약금도 두 사람에게 반반씩 입금해야 하는데 어떻게 하는 게 좋을까요? 이런 경우 두 분 중 한 분을 지정해 보증금 입금받는 것부터 입주 후 관리까지 일체를 한 분이 위임받으시거든요. 그렇게 하지 않으면 임차인도 무슨 일이 있을 때마다 두 분께 여쭤봐야 하는 번거로움이 있습니다."

그러면 대부분 한 명이 정해진다.

〈특약〉

본 계약은 소유자가 공동 명의로 위 계약에 대한 모든 부분(보증금 수령, 월차임 입금, 관리 등)을 홍길동 님은 홍순이 님에게 위임하기로 한다.

(2) 임차인이 공동 명의인 경우

전세 또는 월세도 임차인이 공동 명의로 하는 경우가 있다. 계약 당시는 어느 한 사람이 입금했는데 계약기간 만료로 퇴실하거나 두 사람의 갈등으로 헤어지는 경우가 있으니 이 역시도 계약 기간 종료 후에 보증금을 받을 수령인을 지정해야 한다.

〈특약〉

본 계약은 임차인이 공동 명의로 임차인 퇴실 시 임대인은 임대보증금 5천만 원을 홍길동에게 지급하기로 한다.

계약하고 매수인이 바뀔 때

계약서 작성 시 세금 문제(종부세 등)로 본인 명의냐 공동 명의냐를 놓고 정하지 못하는 경우가 있다. 이는 매수인이 바뀔 수 있는 상황이므로 계약서를 본인 명의와 공동 명의 두 개로 작성해서 도장 찍어 밀봉 후 그중 하나를 중개사가 보관한다. 바뀌게 되는 경우 기존 계약서 회수 후 주기로 한다.

01 이런 경우 실거래 신고를 미리 하면 안 된다.

계약서에 포스트잇으로 이렇게 메모해 놓자.

"매수인이 확정됐는지 확인한 후 실거래 신고하기"

늘 메모하는 습관을 갖는 것이 좋다.

02 다가구 주택은 대지 면적 660㎡, 4층, 19세대 이하다. 20가구 이상이면 다세대 주택으로 분류되어 주인 세대 외에는 별도의 주택으로 보아 양도세가 나온다. 이 점을 유의하고 구조 변경 유무를 확인하고 필요한 조처를 해야 한다.

계약서 진행 과정 시연

중개사의 컴퓨터 화면을 계약서 작성하는 테이블 위 모니터에 띄워 놓고 테이블 양쪽에 매도인과 매수인을 앉게 하고 계약서 작성을 시작하자.

 "두 분 화면 보세요. 지금부터 ○○동 119번지, 다가구 주택 매매 계약서 작성을 시작합니다. 혹시 오타 있으면 말씀해 주세요. 소재지 ○○동 119번지, 대지 면적은 220㎡이고 구조는 철근 콘크리트입니다. 용도는 다가구 주택이고 건물의 연면적은 450㎡입니다. 매매 대금은 5억이고 오늘 계약금은 5천만 원 준비해오셨습니다. 잔금 지급은 3월 30일에 하기로 두 분께서 합의하셨습니다."

(잔금일은 최소 2달 이후로 잡자. 매수인이 잔금 지급일을 빨리 잡자고 서두르면 중개사가 정리해야 한다.)

 "사모님, 잔금은 보통 두 달이에요. 석 달 후로 잡는 경우도 많고요. 사모님도 이제 집을 사야 하니까 그래도 두 달은 주셔야죠. 그리고 혹시 사모님께서 맘에 드는 집을 빨리 찾았고 그쪽에서 집을 일찍 비워 준다고 하면 그때 잔금일을 앞당기면 돼요."

대부분 집을 팔고 또 사는 경우가 많다. 이 경우 본인의 집을 팔고 마음에 흡족한 집을 바로 찾지 못하면 온갖 짜증은 중개사의 몫이다.

"내가 집을 너무 싸게 팔아서 그 돈을 가지고 집을 구하려고 하니 그만한 집이 없다."

"왜 그것밖에 안 받아 줬냐? 2천은 더 받았어야 했는데…."

"잔금일은 왜 또 그렇게 빨리 잡아놔서 나는 하루하루 가는 게 피가 마른다."

〈특약〉

잔금일은 당사자 합의하에 앞당길 수 있다.

그리고 특약 사항으로 내려와서 기재한 것을 읽으며 지나간다. 매도, 매수인 난에 본인들 주소 등 잘못 기재된 내용이 있는지 확인해 보라고 하고 없다면 확인 설명서로 넘어간다.

매도인에게 대답하라고 하고 질문한다.

"수도, 파손 여부 있다, 없다?"

"없다."

매도인이 대답한 곳에 체크해 주고 "이렇게 출력하겠습니다." 하고 출력한다.

여기까지는 중개사가 중개사 본인 테이블에 앉아서 당사자들에게 화면을 보여주며 계약서를 작성한 것이다. 이제 작성한 계약서를 출력하여 당사자에게 한 부씩 나눠준다. 그리고 **발급받은 모든 서류**를 가지고 테이블에 앉아 설명하기 시작한다.

계약서 작성을 진행하기 전, 먼저 매도 매수인에게 **개인정보 활용 동의서**에 서명부터 받는다.

"사장님 계약서 작성하기 전에 여기 사인 부탁해요. 이것은 개인정보활용 동의서인데요, 제가 지금 계약서 작성하기 위해 사장님의 성함, 주민번호 등 사장님의 개인 정보를 여쭤 봤잖아요. 요즘 개인정보 보호가 강화되어 이런 것도 받아야 해요." (계약서 출력할 때 함께 출력)

첫째, 매수인에게 등기부등본의 갑구, 을구를 짚어가며 소유자가 누구이며 소유권 외의 권리관계에 대해 설명해준다. 매도인의 신분증도 보여주며 소유자 본인이 참석했다는 것을 확인시키는 것도 필요하다. 또 발급한 각종 서류와 계약서를 대조하며 서류상 모든 정보 내용이 일치함을 확인시켜 준다.

둘째, 매도인, 매수인에게 출력한 계약서를 한 부씩 나눠주고 처음부터 다시 읽어 내려간다.

"혹시 오타 있으면 말씀해 주세요. 방금 화면을 보면서 함께 작성한 것을 출력한 것이긴 하지만 다시 한 번 확인해 보겠습니다. 다가구 주택 매매 계약서입니다. 소재지 ○○동 119번지, 대지 면적, 220㎡, 구조는 철근 콘크리트, 용도는 다가구 주택, 연면적은 450㎡입니다. 매매 금액 5억 원이고요, 오늘 계약금으로 5천만 원 입금하기로 했습니다."

이때 계약금을 계좌 이체시킨다고 하면 영수자 난에 '**계좌이체**'라고 계약서에 기재한다. 현금 또는 수표는 영수자 난에 매도인 이름을 쓰고 도장 또는 매도인 사인을 받으면 된다.

 "잔금은 3월 30일에 하기로 했고요."

그리고 이번에는 화면 보면서 계약서 작성 할 때 빠트렸던 잔금 밑의 제2조부터 다 읽는다. 읽기 전에 "사장님 이건 계약할 때 당사자들이 꼭 알아야 할 내용을 명시해 놓은 것입니다." 하고 읽어 내려가기 시작한다.

소유권 이전, 제한물권 등을 읽어주는데 법적 용어들이 많아 일반인들이 이해하기 힘든 부분이 있다. 읽은 후 이해하기 쉽게 해석해서 설명해 주는 것이 좋다. 제7조에 보면 중개 보수에 대한 내용이 나오는데, 이때 중개 보수는 계약과 동시에 줘야 한다는 것을 인지시켜준다.

그리고 다시 계약 당사자 인적사항에 오타 여부 확인을 부탁하고, 없으면 확인설명서로 넘어간다. 확인설명서에 기재한 내용도 다시 읽어주며 확인시켜 준다.

여기까지 마쳤다면 계약서와 확인설명서에 인쇄된 이름 옆에 자필로 본인 이름을 서명하도록 한다(확인설명서부터 설명하고 싸인 받기).

 "사장님 이건 인쇄물이라 누구나 이렇게 작성해서 출력할 수 있잖아요. 그래서 본인이 했다는 것을 증명하기 위해 여기 사장님 성함 옆에 자필로 성함 한 번 더 써주세요."

자필 서명이 끝났다면 계약서와 확인설명서에 도장 또는 사인을 받고 계약서 중간에 간인(계약서가 한 장 이상인 경우)을 하고 마무리한다.

파일에 계약서, 확인설명서, 공제증서를 챙겨 당사자에게 나눠주기 직전, 확인설명서의 중개 보수 난을 가리키며 설명 후 마무리 한다.

 "사모님 중개 보수는 부가세 포함해서 275만 원이네요. 계약과 동시에 지급하는 거니까 지금 가셔서 이 계좌로 바로 입금 부탁 드립니다. 고생하셨습니다"

중개 보수는 계약과 동시에 꼭 받자.

잔금 때 주는 것 아니냐고 물으면

 "그건 일하고 월급 두 달 후에 받으라는 것과 같아요. 여기 7조에 도 나와 있듯이 계약과 동시에 지급하도록 되어 있어요."

그런데도 잔금 때 주겠다고 하면 "아~ 그럼 그렇게 하세요." 하고 끝낸다.

계약은 쌍방 합의로 이루어지는 것이기에 어떤 규칙도 없다. 다만 중개사가 완벽하기를 바라는 의뢰인들의 욕구를 충족시키기 위해서고 분쟁 시 중개사 보호를 위한 것이다. 일이니까 완벽하기 위해 노력하자.

공동 중개로 계약서 작성할 때

공동 중개로 계약서를 작성할 때는 물건지의 대표 사무실에서 물건지의 대표가 계약서 작성과 계약 진행을 한다. 나의 경우 개업하고 공동 중개를 많이 했다. 보유한 의뢰 물건이 거의 없는 상태였기 때문에 고객만 오면 열심히 여기저기 전화로 문의했다. 물건지가 내가 아니니 나는 의뢰인과 시간만 맞춰 가면 되었다.

　그때 물건지의 대표가 진행하는 것을 옆에서 지켜보며 많이 배울 수 있었다. 의뢰인과 계약 테이블에 나란히 앉아 상대 대표가 진행하는 것을 옆에서 지켜보다 계약서에 서명과 도장만 찍으면 됐었다.

　공동 중개할 때 물건지가 상대방이면 본인은 인장과 공제증서 2장만 준비해 가면 된다. 그리고 물건지 대표가 계약을 마쳐 계약서를 당사자에게 나눠줄 때 공제증서를 건네주면 된다.

　처음에는 물건지 대표가 진행하는 것을 보고만 있다가 서명, 도장을 요구하면 인형처럼 시키는 대로만 했다. 하지만 이 글을 본 개공들이라면 하루 전에 미리 그 대표에게 작성한 계약서를 사진으로 전송해줄 것을 요구해 검토하는 것이 좋다.

　특히 특약 사항을 꼼꼼히 살펴보고 나의 의뢰인에게 불리한 내용이 있는지 중개 당시 오고 갔던 내용이 잘 기재되어 있는지 살펴보자. 만약 누락된 것이나 나의 의뢰인에게 불리한 것이 있다면

"대표님 에어컨 설치해 주기로 한 거 빠졌네요."

"대표님, 주택이니까 잔금일에 건물만을 인도하기로 한다. 정화조 청소 포함도 좀 넣어주세요. 가끔 쓰레기 남겨 놓고 가서 속 썩는 일 있잖아요."

　하며 서로 의견 교환을 한다. 그리고 계약서 작성 당일에 계약서가 출력되면 계약서 한 부를 요구하여 주소, 면적, 날짜, 특약사항 등의 계약 사항을 꼼꼼히 확인해 보고 이상이 없다면 "대표님, 이렇게 진행해도 되겠어요." 하고 의뢰인 앞에서 당당하게 말하자. 전날 서로 의견

을 주고받았어도 여러 이유로 수정이 안 되어 있기도 하니 계약당일 계약서 작성이 제대로 됐는지 확인해야 한다.

이런 것들은 양쪽 대표가 미리 합의해 놓아야 의뢰인들 앞에서 민망한 상황이 생기지 않는다. 계약 당사자들을 앞에 두고 양쪽 대표가 서로 본인의 의뢰인에게 유리하도록, 또는 본인(대표들)이 추후 책임질 일은 없게 하려고 신경전을 벌이는 일은 만들지 말자.

내 쪽이 계약을 진행하는 경우라면 위와 반대로 하면 된다. 내가 계약을 진행할 때는 상대방 공인 중개사의 정보를 입력해야 하는데 내 사무실의 정보 나오는 아래(공동)의 개업 공인 중개사를 찾은 후 클릭하면 계약서에 자동 입력된다.

그런데 가끔 나오지 않는 경우도 있다. 이때는 직접 연락하여 사업자 번호를 요청하거나 명함을 전달받아 입력해야 한다.

계약서 작성 시 매도(임대인)인 또는 매수(임차인)인이 공동 명의면 매도인, 매수인 바로 아래 '없음'을 클릭하면 대리인 공동 명의를 찾을 수 있다. 처음에는 모든 것이 생소하니 차근차근 알아가자.

표준 임대차 계약서(임대 사업자) 작성 방법
요즘은 임대 사업자가 많은데 임대 사업자는 표준 임대차 계약서로 작성해야 한다.

작성해 보면 일반 계약서보다 간단하다. 표준임대차 계약서를 한 부 출력하여('한방' 오른쪽 위에 있음) 기재해야 할 곳 체크한 후 임대인에게 필요한 정보를 요구한다. 아니면 기존에 작성한 것을 한 부 사진으로 요청하여 작성해도 좋다.

한 필지 이상인 경우

'한방' 계약서 오른쪽 위쪽에 보면 관계 지번 추가가 있다. 중개업을 개업하면 대부분 '한방' 계약서를 사용하게 된다. '한방' 계약서에 들어가 맨 위 왼쪽 끝부터 오른쪽 끝까지 하나하나 다 클릭하여 무엇에 쓰는지 용도를 익혀 두자. 그렇게 해도 막상 마주하면 긴장되어 당황하게 된다. 그러니 효율적인 일 처리를 위해 시간을 내서 여러 번 반복적하여 익혀 두자.

계약서 복사

'한방'에서 양면 인쇄 설정 왼쪽에 계약서 복사가 있다. 동일한 지역의 계약서를 작성할 때 유효하다. 계약서 복사를 클릭하면 소재지의 앞쪽에 복사본이라는 문구가 나오는데 똑같은 계약서 한 부가 복사되는 것이다. 복사본이라는 글자를 삭제하고 계약서를 작성하면 된다.

이때 편리한 것은 확인설명서에 작성해야 하는 것 중 4번에 기재해야 하는 입지 조건을 그대로 사용할 수 있어 시간 절약이 된다.

특약 사항 관리

처음 계약서를 작성하려고 하면 일단 머리가 하얘진다. 입력해야 하는 것은 어찌 그리 많은지. 그러니 긴장이 되고, 당사자들이 너무 늦는다고 짜증을 내지는 않을까 싶은 생각에 마음은 급해지고, 조급한 마음에 서두르다 보면 오타도 나고, 특약 사항에 넣어야 하는 기본 특약을 빼먹기도 하고, 나중에 보면 엉망이 되어 버리기도 한다.

계약서 작성 시 무엇 하나 중요하지 않은 게 없지만. 그중에서도 **특**

약 사항 관리만 잘 활용하면 덜 긴장하고 시간을 많이 줄일 수 있다. 계약서 중간쯤 특약 사항 작성하는 난의 위 특약 사항 옆에 **특약사항관리**를 클릭하여 바로 아래 네모 빈칸에 계약 종류에 따라 자주 사용되는 특약 문구를 만들어 저장한다. 그리고 계약서 작성할 때 **자주 쓰는 특약 사항 적용을** 클릭한 후 필요 없는 것만 삭제하면 아주 유용하다.

아파트 매매, 주택 매매, 다가구 매매, 다중 매매, 토지 매매, 상가 건물 매매, 전원주택 매매 주택 임대차(월세, 전세), 주택 전세 계약, 상가 임대차 등 본인들이 자주 사용하는 특약 사항을 만들어 저장해 놓자. 도움될 특약 문구를 뒤에 따로 정리했으니 참고하기 바란다.

다가구 전세 계약 시 꼭 명시해야 할 것

다가구 주택의 전세 계약 시 분명하고 정확하게 해야 한다. 앞에서도 살펴봤듯이 다가구 주택 전세 계약의 중개 보수는 탐내지 말자. 채권 최고액이 최고로 설정되어 있고 전세 임차인이 많아 보증금과 설정액의 합계 금액이 매매 대금을 상회하는 경우가 있다. 이때 전세 임대한 것을 월세 임대했다고 거짓말을 하고 전세 계약으로 진행하게 하는 임대인들이 간혹 있어 위험하다. 때문에 현 임차인의 계약서를 반드시 요구해야 한다.

만약 불응할 경우 확인설명서 1페이지 확인 설명 자료의 **대상 물건의 상태에 관한 자료 요구 사항에** 그 사실을 기재해야 한다.(등기권리증 미제출) 옆에 "**임대인에게 현 임차인의 계약서를 요구하였으나 미제출함.**" 여기까지 중개사가 노력해야 문제(경매 등) 발생 시 중개사의 책임을 면하는 데 도움이 된다고 한다.

계약서 대서

가끔 돈을 주겠으니 계약서를 작성해 달라고 사무실에 방문하는 고객들이 있다. 나는 처음에 어떻게 해야 하는지 몰라 계약서 용지를 당사자에게 주고 작성 방법을 알려준 후 직접 본인들에게 작성하라고 했다. 그리고 선배 개공한테 물어보니 개공 직인이 안 들어가도 계약서를 작성한 개공 책임이니 권리분석을 정확하게 하여 계약서를 작성해 주고 징당하게 법징 중개 보수를 다 받으라는 것이다.

지금은 정말 친하고 친분 있는 믿을 만한 분이면 10만 원, 양쪽 20만 원을 받고 계약서를 작성해주고 그 외에는 선배들의 말처럼 하고 있다. 개공의 인장이 찍히고 안 찍히고와는 무관하게 개공이 작성한 계약서라면 개공의 책임이니 명심하기 바란다. 혹시라도 소송에 휘말리게 되었다면 계약서 작성자가 누구인지 다 드러난다.

계약서 작성을 부탁하며 비용을 물으면

"법정 중개 보수 받습니다."

이렇게 대답하면 너무 하다며 불쾌해 하는데 그때 하는 말,

"부동산 사무실 오셔서 계약서를 작성하려고 하는 것은 두 분이 쓰려니 뭔가 불안하고 무슨 일이 생기면 저에게 오셔서 책임지라고도 할거잖아요. 제가 10만 원 받았다고 10만 원만큼만 책임지라고 할 것도 아니고요. 그래서 저도 계약서를 작성한다면 권리 분석 제대로 해서 정확하게 확인할 것 확인하고 계약서 작성할 겁니다. 그냥 사장님이 써 달라고 하는 대로만 작성할 수는 없어요."

당당하게 말하고 선택은 당사자에게 맡겨야 한다.

계약서 작성 후에 해야 할 일

계약서를 작성하고 난 후 중개사가 항상 보는 달력에 **잔금, 중도금** 일자를 메모해 두고 챙겨야 한다. 중도금과 전세 임대차의 잔금 지급일에 등기사항 증명서를 발급받아 권리관계가 계약 당시와 동일한지 확인하고 계약금을 입금했던 계좌로 입금하라고 안내한다. 입금 후 문자 남겨 달라고도 한다. 입금했다는 문자가 오면 매도인(임대인)에게 입금됐으니 확인해 보라고 한다.

매매 계약서를 작성한 후에 매도 매수인에게 전화도 자주 온다. 집을 자주 매매하는 것이 아니므로 아주 사소한 것까지 묻는 분들이 많다. 이때 귀찮아하지 말고 항상 친절하게 응대하며 매도 매수인의 마음을 안정시켜주는 것도 중개사의 일이다 라고 생각하자.

궁금한 것을 물어보는 것 외에도 이런저런 푸념도 하고 때로는 오해와 항의도 받는다. 초기에는 매매 후 매도인 또는 매수인이 나타나거나 전화만 와도 가슴이 철렁 내려앉기도 했다. 지금은 많이 무뎌지고 담담해지긴 했다.

CHAPTER 11

특약 사항 정리

특약 사항을 쓸 때는 '빠른 시일 내에 하기로 한다' 등의 불분명한 표현은 피하고 정확한 날짜를 명시해야 한다. 5월 20일까지 하기로 한다 등으로.

〈특약〉

매도인은 계약일로부터 일주일 안으로 인감증명서를 첨부하기로 한다. 그리고 불이행 시 계약을 해제하기로 하고 계약금(배액상환) 외에 10%를 손해배상금으로 지불하기로 한다. 또는 '위의 5조에 의한다' 등 불이행했을 때 어떻게 되는지도 명시해야 바로 이행을 한다.

월세 임대차 특약

01 현 시설물 상태에서 임대차한다. 임차인은 공인 중개사와 함께 현장을 방문한 후 시설물 상태를 확인하고 하는 계약이다.

02 임차인은 위 부동산에 존재하는 선순위 권리(근저당권, 임차권 등)로 인하여 경매 등이 실행될 경우 임차 보증금의 전부 또는 일부를

반환받지 못할 수도 있음을 확인한다.

03 임대한 부분의 면적은 공부상 면적이다.

04 기타 사항은 민법 임대차보호법 및 부동산 임대차 계약 일반 관례에 따르기로 한다.

05 애완동물 금지, 건물 내 흡연 금지, 소란 행위 금지, 쓰레기 배출은 종량제 봉투에, 변기에 음식물 투입 금지, 꼭 협조 부탁드립니다.

06 월차임 2회 이상 연체하고 연락 두절 시 계약은 해지되고 제삼자 입회하에 명도할 수 있다(이때 임차인은 임대인이 건물 내 동산에 대해 처분하는 것에 대해 이의 제기하지 않기로 함).

가끔 월세가 연체되어 보증금까지 소멸된 상태에서 문도 잠그고 사라지는 경우가 있다. 그래서 이런 특약을 기재하는데 사실 법적 효력은 없다. 정확하게는 타인의 거주지에 임대인도 들어갈 수 없다. 명도 소송을 통해 해결해야 하지만 그래도 이렇게 작성해 놓으면 효과는 있다.

07 옵션으로는 TV, 냉장고, 세탁기, 에어컨, 가스레인지(인덕션), 전자레인지, 침대, 옷장 (파손 시 임차인 원상복구)

08 1인 기준으로 임차인 추가 시 임대인에게 알리고 임대인과 협의한다(월세에는 관리비가 포함되어 있는 경우가 많기 때문에 원룸, 투베이는 1인, 투룸은 2~3인, 주인 세대는 4~5인을 기준으로 한다. 그래서 거주자가 추가되면 수도 요금이나 쓰레기의 배출량이 많아지기 때문에 1만 원 또는 2만 원 더 요구한다).

09 임차인은 계약기간 만료 후 퇴실할 경우 계약기간 만료 한 달 전에 임대인에게 통보한다(법을 잘 모르는 임차인 중에 계약기간만 거주하다

나가면 되는 줄 알고 계약기간 만료 며칠 전 임대인에게 "며칠 후에 계약 기간이 끝나서 퇴실할 겁니다."라고 말하면 한 달 전에 나간다는 통보를 하지 않았으니 묵시적 갱신이 된 것이라고 하여 보증금을 돌려주지 않고, 1년을 더 살다 나가든 지 임차인을 구해놓고 퇴실하라는 임대인들이 있어 곤욕을 치르는 임차인들이 있으니 계약 시 안내해야 한다).

10 계약기간 만료 전 퇴실 시 신임차인을 구해(중개 보수 부담) 놓아야 하며 별도로 청소비 10만 원을 부담해야 한다(대도시는 대부분 퇴실 시 청소비 10만 원을 보증금에서 공제하고 주는 것이 통상적이라고 하나 지방은 계약 기간 만료 전에 나가면 청소비를 요구한다).

11 단기 임차인(1년 미만)인 경우에는 퇴실 시 청소비 10만 원을 부담 하기로 한다.

12 반려동물을 키우는 것을 동의한 임대인의 요구 사항

① 임차인은 반려동물로 인한 훼손 또는 파손된 부분이 있는 경우 원상 복구하기로 한다.

② 임차인은 퇴실 시 도배, 장판을 해놓기로 한다.

③ 임차인은 반려동물로 인해 주변 임차인들의 민원 제기 시 원상 복구 후 퇴실하기로 한다. 이때 임차인은 청소비 10만 원과 두 달 치 월세를 부담한다.

④ 반려동물 반입 시 즉시 퇴거 조치한다(몰래 키우다가 들키기도 한 다).

요즘 반려동물과 생활하는 젊은 층이 많은데 임대인 입장에서는 반갑지가 않다.

첫째, 일단 고양이나 강아지는 털이 많이 빠져 철저한 관리를 하지 않으면 털로 인해 하수도가 막힌다.

둘째, 아무리 관리를 잘해도 반려동물 있는 집은 벽지나 블라인드 등에 냄새가 스며들어 탈취제로는 해결이 안 된다(냄새로 인해 신임차인 구하기가 힘들다).

셋째, 장판이 아닌 강화마루나 데코타일은 틈 사이로 오물이 들어가면 바닥을 전면 재시공해야 하는 대공사가 된다.

넷째, 임차인이 외출한 후 반려견이 짖어 건물 내의 다른 임차인들이 임대인에게 민원 제기를 한다.

다섯째, 고양이는 벽을 긁어 벽지가 훼손되고 나무로 된 것은 물어뜯어 내부가 훼손된다.

야근하고 낮에 자는 임차인도 있고 한 동에 생활환경이 다양한 임차인들이 거주하다 보니 대부분의 임대인들은 반려동물이 있는 임차인을 거부한다. 가끔 입주시키는 임대인들은 위의 조건들을 붙이는 것이다.

13 임대인은 입주 전까지 각종 공과금(전기요금, 도시가스 요금) 등을 정산하기로 한다.

공실 상태로 거주하지 않았다 해도 입주 전날 기준으로 공과금을 정산해야 한다. 이 내용은 계약서 작성 시 임차인과 협의해야 한다. 임차인이 사용하지 않은, 입주 전의 사용기간이 납부고지서에 기재되어 있으면 임대인과 임차인 사이에 분쟁이 생기고 해결이 안 되면 이 또한 중개사에게 해결하라는 연락이 온다. 임대인이 1일에 정산을 했고 그동안 미사용으로 다시 정산할 필요가 없다고 하면 임차인에게 입주 전날 다시 정산하지 않아도 되는지 확인하고 가자.

예) 1일부터 15일까지 공실이었는데 16일에 입주한 경우 공과금 사용기간이 1일부터 30일로 기재된 5만 원짜리 납부 고지서를 받으면 임차인은 15일분은 본인이 사용한 것이 아니라며 2만 5천은 임대인이 부담해야 하는 것 아니냐고 한다.

14 관리비는 5만 원으로 선불이며 연납하기로 하고 입주 시 월차임과는 별도로 60만 원을 입금하기로 한다(관리비 내역: 수도요금, TV 수신료, 인터넷 사용료, 공동 전기료, 정화조, 엘리베이터 사용 포함).

월세에는 대부분 관리비가 포함되어 있는데 전세는 관리비를 따로 받는다. 집합건물이나 주택은 예외이지만 다가구나 다중은 그렇다. 적은 금액을 매달 입금하고, 입금 확인해야 하는 번거로움으로 연납 또는 6개월씩 나눠 입금한다.

15 월차임 35만 원 중 5만 원은 관리비다.

임대 소득을 신고해야 하는 임대인들은 이 항목을 꼭 기재하라고 한다. 소득세 신고 시 관리비 명목으로 임대 소득을 낮추려는 목적이다.

16 임대인은 임차인이 에어컨 설치하는 것에 동의한다.

건물 상한다고 가끔 못도 박지 못하게 하는 임대인도 있다. 세상에는 별별 사람이 다 있다.

17 임차인은 입주 3일 전에 도시가스 전입 신청할 것

당연한 일이지만 모르는 임차인도 많다. 한겨울에는 반드시 알려줘야 한다.

18 임대인은 입주 청소와 도배, 장판을 새로 해주기로 하고 위 계약을 체결한다.

19 비상연락망은 외국인 등 한국말에 익숙하지 않은 경우 함께 온 사람 연락처를 꼭 메모한다. 또한 학생들은 부모님 중 한 분의 연락

처를 메모해 놓자.

20 임대인(소유자) 계좌번호

위의 특약 사항은 기본적으로 들어가는 특약 사항들이고 본인들이 협의한 사항들이 있다면 꼼꼼하게 특약 사항에 기재하자.

주거용 월세 임대차 특약 정리

특약 사항 관리 주거용 임대차에서 **월세 임대차**로 이름 붙여서 메모해둔 후 **자주 쓰는 특약 사항 적용**을 눌러 사용하면 편리하다. 아래 특약 사항만 정리한 것 그대로 저장해 놓자.

01 현 시설물 상태에서 임대차한다. 임차인은 공인 중개사와 현장 방문 후 시설물 상태를 확인하고 진행하는 계약임.

02 임차인은 위 부동산에 존재하는 선순위 권리(근저당권, 임차권 등)로 인하여 경매 등이 실행될 경우 임차 보증금의 전부 또는 일부를 반환받지 못할 수도 있음을 확인한다.

03 임대한 부분의 면적은 공부상 면적이다.

04 기타 사항은 민법 임대차보호법 및 부동산 임대차 계약 일반 관례에 따르기로 한다.

05 애완동물 금지, 건물 내 흡연 금지, 소란 행위 금지.
쓰레기 배출은 종량제 봉투에 하고, 변기에 음식물 투입 금지 꼭 협조 부탁드립니다.

06 월차임 2회 이상 연체하고 연락 두절 시 계약 해지되고 제삼자 입회하에 명도할 수 있다(이 경우 임차인은, 임대인이 건물 내 동산을 처분하

는 것에 대해 이의 제기하지 않기로 함).

07 옵션으로는 TV, 냉장고, 세탁기, 에어컨, 가스레인지(인덕션), 전자레인지, 책상, 의자, 침대, 옷장 (파손 시 임차인이 원상복구)

08 1인 기준으로 임차인 추가 시 임대인에게 알리고 협의한다.

09 임차인은 계약기간 만료 후 퇴실할 경우 계약기간 만료 한 달 전에 임대인에게 통보한다.

10 계약기간 만료 전 퇴실 시 신임차인을 구해(중개 보수 부담) 놓아야 하며 청소비를 부담하여야 한다.

11 단기 임차인은 퇴실 시 청소비 10만 원을 부담하기로 한다.

12 임대인은 입주 전까지 각종 공과금(전기 요금, 도시가스 요금) 등을 정산하기로 한다.

13 관리비는 수도 요금, TV 수신료, 인터넷 사용료, 공동 전기료, 정화조, 엘리베이터 사용 포함

14 월차임 35만 원 중 5만 원은 관리비다(관리비 내역: 수도 요금, TV 수신료, 인터넷 사용료, 공동 전기료, 정화조, 엘리베이터 사용료 포함).

15 임대인은 임차인이 에어컨 설치하는 것에 동의한다.

16 임차인은 입주 3일 전에 도시가스 전입 신청할 것.

17 위 계약은 소유자의 아내인 홍길순(중개사)이 대리하여 소유자와 통화 녹취 후 진행하는 계약으로 임차인의 동의하에 진행하는 계약임.

18 그 외 협의 사항

19 비상연락망

20 임대인(소유자) 계좌번호

> ✎ 보증금 완납 전에 방 비밀번호를 알려주지 않는다. 사정하면 계약서에 있는 임대
> 인 전화번호로 본인이 직접 문의하라고 한다.

전세 임대차 특약

특약 사항 관리 주거용 임대차에서 **전세 임대차**로 이름 붙여서 메모
한 후 **자주 쓰는 특약 사항 적용** 눌러 사용하면 아주 편리하다.

01 현 시설물 상태에서 임대차한다. 임차인은 공인 중개사와 현장을
방문한 후 시설물 상태를 확인하고 하는 계약이다.

02 임차인은 위 부동산에 존재하는 선순위 권리(근저당권, 임차권 등)
로 인하여 경매 등이 실행될 경우 임차 보증금의 전부 또는 일부
를 반환받지 못할 수도 있음을 확인한다(전세자금 대출받는다고 하
면 이 내용은 빼자. 이 특약 사항이 있으면 안 된다는 은행이 있음. 확인 요함).

03 임대한 부분의 면적은 공부상 면적이다.

04 기타 사항은 민법 임대차보호법 및 부동산임대차 계약 일반 관례
에 따르기로 한다.

05 임대인은 현 등기부상의 권리관계를 잔금 시까지 유지하기로 한
다.

06 임대인은 전세보증금을 받아 등기부등본상의 채권 최고액 1억을
상환하고 말소하기로 한다.

07 임대인은 전세권 설정에 동의하고 협조하기로 한다.

08 임차인은 계약 후 관할 주민센터을 방문하여 전입 신고 및 확정일
자 받을 것.

09 관리비는 10만 원으로 입주 시 연납으로 120만 원을 선납하기로 한다(관리비는 수도 요금, TV 수신료, 인터넷 사용료, 공동 전기료, 정화조, 엘리베이터 사용 포함. 집합건물 예외).

10 옵션으로는 TV(TV 받침장), 냉장고, 세탁기, 에어컨, 전자레인지, 옷장, 침대 (파손 시 원상복구)

11 임대인은 임차인이 벽걸이 TV 설치하는 것에 동의한다.

12 반려동물 금지, 긴물 내 흡연 금지, 소린 행위 금지. 쓰레기 배출은 종량제 봉투에 하고, 변기에 음식물 투입 금지, 이점 협조 부탁드립니다(집합건물 예외).

13 임대인은 입주 전날(잔금 전날) 각종 공과금을 정산한다(임차인은 입주 3일 전에 도시가스 연결 신청할 것).

14 그 외 협의 사항

15 임대인(소유자) 계좌번호

16 비상연락망

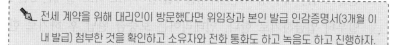

전세 계약을 위해 대리인이 방문했다면 위임장과 본인 발급 인감증명서(3개월 이내 발급) 첨부한 것을 확인하고 소유자와 전화 통화도 하고 녹음도 하고 진행하자.

상가 임대차 계약 시 특약

특약 사항 관리 비주거용 임대차에서 **상가 임대차**로 이름 붙여서 메모해둔 후 **자주 쓰는 특약 사항 적용** 눌러 사용하면 아주 편리하다.

01 현 시설물 상태에서 임대차한다.

02 임차인은 위 부동산에 존재하는 선순위 권리(근저당권, 임차권 등)로

인하여 경매 등이 실행될 경우 임차보증금의 전부 또는 일부를 반환받지 못할 수도 있음을 확인한다.

03 임대할 부분의 면적은 공부상 전용 면적 또는 연면적이다.

04 기타 사항은 민법 상가 임대차보호법 및 부동산 임대차 계약 일반 관례에 따르기로 한다.

05 영업에 필요한 인허가 사항은 임차인 부담이며 임차인이 확인한 후 진행하는 계약으로 임대인은 적극 협조하기로 한다.

06 계약서에 명시한 업종의 불허가 시 쌍방 귀책사유 없이(계약금 반환함) 계약은 해제되는 것으로 한다. 단, 계약일로부터 7일 안으로 확인하고 임대인에게 통보하기로 한다. 7일 경과 시 위 계약은 유효한 것으로 한다.

07 임차인은 임대인과 협의 후 사용 목적에 따라 건물 개보수 및 간판 부착 등 추가 시설을 할 수 있으며 비용은 임차인 부담으로 하고 계약 만료 시 임차인은 원상 복구하기로 한다.

08 렌탈프리는 내부 공사(인테리어)를 1월 말까지로 하고 월세는 2월 1일부터 입금하기로 한다. 인테리어는 보증금 완납 후 하기로 한다.

09 관리비는 별도로 없으며 어떠한 별도의 추가 비용이 없음을 확인한다.

10 부과세 10만 원은 월차임과 별도로 입금하기로 한다.

11 임대인은 전 세입자의 사업자가 폐지되지 않았을 경우 계약일로부터 10일 이내로 전 사업자를 폐지해 주기로 하며 위반 시 위 6조에 따른다.

12 임대인은 인테리어 전(입주 전)에 전기 요금 등 공과금을 정산하기

로 한다.

13 렌털로 사용하는 것 인수 여부 확인

14 배달의민족, 요기요도 인수 여부 확인

15 이 외 협의 사항은 전기 승압 등으로 인한 비용 발생 시 부담 여부

(임차인이 부담하게 하는 경우가 많음)

16 행정처분 받은 것이 있는지, 행정처분으로 인한 과태료 등의 납부
금액이 있을 때 부담 여부 등

17 임대인(소유자) 계좌번호

 · 전 세입자의 사업자가 폐지됐는지 확인

· 위반건축물 있는지 확인

· 허가받는 업종인 경우는 현 임차인과 협의 완료 시 동일 업종은 포괄양도·양
수하면 되므로 폐업 신고를 하지 않는 것이 좋다(지역, 지구 등의 변경으로 안 되는
것 있음).

단독 주택 매매 시 특약

특약 사항 관리 주거용 매매에서 **단독 주택 매매**로 이름 붙여 메모한
후 **자주 쓰는 특약 사항 적용** 눌러 사용한다.

01 현 시설 상태의 매매 계약이며 매수인은 공인 중개사와 동행하여
현장을 방문하였고, 위 부동산의 내외부의 상태를 확인한 후 체결
하는 계약이며, 이후 도시 계획의 변경 등으로 인한 공법상의 행
정 처분에 대한 책임은 매수인의 부담으로 한다.

02 대지, 건물 면적은 공부상 기준으로 향후 실측 면적과 차이가 있
더라고 매도인, 매수인은 이의를 제기하지 않는다.

03 소유권 이전 등기가 완료되기 전에 등기부 등본상에 권리 제한 사유가 발생하는 경우 매수인은 계약을 해제할 수 있으며 이 경우 위 5조에 의하고 별도로 매매 금액의 20%를 손해 배상하기로 한다.

04 잔금 시까지의 공과금(수도요금, 전기세, 도시가스 요금 등)은 매도인 부담으로 한다.

05 현 임차인과 임대 보증금은 매수인이 승계하며 보증금은 잔금에서 차감하기로 한다.

06 ① 이 주택은 30년 넘은 주택으로 땅값만 계산된 것이다.

② 이 주택은 노후된 주택으로 매도인이 매매 대금에서 1,000만 원을 수리 비용으로 감액하여 주고 하는 계약이다. 따라서 매수인은 중대한 하자 외에는 이의 제기를 하지 않기로 한다(보일러 포함).

07 잔금일에는 건물만을 인수받기로 한다(쓰레기 처리, 정화조 청소 포함). 매수인이 인수하기로 한 것(쇼파, 거실장) 외의 물건 또는 쓰레기 등의 잔여물이 있는 경우 잔금의 1%는 처리 후 입금하기로 한다.

08 건물 2층 보일러실과 1층 상가 뒷쪽 차양막(이외 확장, 구조 변경 등)은 매도인이 임의 설치(불법)한 것으로 매수인이 일괄승계, 인수하기로 한다.

09 본 계약의 잔금일에 등기부등본 을구에 설정된 채권 최고액은 매수인이 승계하는 조건으로 본 계약을 체결한다(중도상환 수수료 문제 있음).

10 세금은 세법에 의한다.

13 건물에 설치된 인터넷 등은 매수인이 인수하기로 한다(중도 해지 시 위약금 문제 있음).

12 마당에 화단은(돌 포함) 매도인이 치워주기로 하고 하는 계약으로 잔금 전에 처리하기로 한다.

13 매도 시 동일한 부분에 하자가 발생한 경우 매도인의 책임으로 하고 하자를 보수하기로 한다(매도 시 하자가 발견되어 매도인이 수리해 주기로 하고 대충해 놓는 경우 있음).

14 화장실 베란다 벽면 타일에 금이 가거나 손상된 것, 매수인이 확인하고 현 상태로 인수하기로 한다(노후된 주택의 대부분은 타일이 터지거나 크랙 등의 손상이 있다고 생각하고 기본특약으로 기재하는 게 좋다. 눈에 띄지 않으면 매도인에게 꼭 물어보자).

 "사장님 타일 깨지거나 금 간 것 없나요? 대부분 있더라고요?"

15 리모델링으로 인한 하자는 책임지지 않는다(노후된 주택을 리모델링하다 보면 매매 시 없던 균열이 생겨 누수가 생기기도 한다).

16 본 특약 사항에 기재되지 않은 사항은 민법상 계약에 관한 규정과 부동산 매매 일반 관례에 따르기로 한다.

17 본 계약은 당사자가 위 특약 사항과 확인설명서를 읽고, 듣고, 계약, 서명, 날인하는 것이다.

18 이 외 협의 사항은 꼼꼼히 기재할 것

19 매도인(소유자)입금 계좌번호

단독 주택을 건축업자에게 매매할 경우(철거하고 신축 예정)

01 현 시설 상태의 매매 계약이며 매수인은 공인 중개사와 동행하여 현장을 방문하고 위 부동산의 건물 상태를 확인한 후 체결하는 계약이며, 계약서 작성 후 도시 계획의 변경 등 공법상 행정처분의

책임을 매도인에게 묻지 않기로 한다.

02 대지 건물 면적은 공부상 기준으로 향후 실측 면적과 차이가 있더라도 매도인, 매수인은 이의를 제기하지 않는다.

03 소유권 이전 등기가 완료되기 전에 등기부 등본상에 권리 제한 사유가 발생하면 매수인은 계약을 해제할 수 있으며, 이때는 위 5조에 의하고 별도로 매매 금액의 20%를 손해 배상하기로 한다.

04 잔금 시까지의 공과금(수도 요금, 전기세, 도시가스 요금 등)은 매도인 부담으로 한다.

05 본 계약은 ○○○-○번지와 함께 매도하는 것이며 함께 매도되지 않을 경우 본 계약은 쌍방 귀책사유 없이 해제하는 것으로 한다.

30년 전후해서 건축된 2층 단독 주택은 청주의 경우 50평 내외로 많다. 그러다 보니 건축업자가 인접해 있는 주택 두 채를 함께 매입해 다가구 주택으로 건축을 한다. 이때 두 집의 소유자가 달라 두 집의 계약서 작성을 동시에 할 수 없을 때 이런 특약을 사용한다.

06 매도인은 20년 6월 15일까지 건축 허가를 받을 수 있도록 허가 사항에 필요한 서류(토지사용 승낙서 등)를 매수인의 요구 시 적극 협조하기로 한다.

주택을 철거하고 신축하기 위해 주택을 매입하면 잔금은 2~3달 후로 하고 건축업자는 그 사이 건축허가를 받아 놓으려고 한다. 이때 소유자의 토지 사용 승낙서가 필요하다. 매도인 퇴거 후 바로 철거하고 공사를 시작하려면 도시가스 중단 신청도 미리 해두어야 하고 매도인의 협조가 필요하다.

07 매도인은 세입자 문제를 잔금 전까지 해결하기로 한다(퇴실시킬 것).

08 잔금일 전에 매수인이 변경될 수 있으며 매수인 변경 시 매도인은

협조하기로 한다.

간혹 건축업자가 계약 당시 본인 명의로 계약을 했는데 그 땅을 매수해서 집을 짓고자 하는 사람이 생기면 매수인 변경을 하게 된다.

09 잔금일에는 건물만을 인도하기로 한다(쓰레기 처리, 정화조 청소 포함).

철거하고 건축한다고 하면 철거할 때 함께 치울 수 있는 것 아니냐며 쓰레기를 남겨 놓는 매도인이 있는데 그건 매도인 생각이다. 쓰레기는 폐기물이다. 폐기물 처리 비용이 많이 들기 때문에 매수인은 용납하지 않는다.

10 세금은 세법에 의한다.

11 위 건물에 설정된 채권 최고액 1억은 잔금과 동시 상환하기로 한다(인수 받지 않음 등).

12 건물에 설치된 유선, 인터넷 등은 매도인이 책임지기로 한다(철거할 것이기에 인수 불가능하므로 위약금 문제도 매도인의 책임으로 하자).

13 본 특약 사항에 기재되지 않은 사항은 민법상 계약에 관한 규정과 부동산 매매 일반 관례에 따르기로 한다.

14 본 계약은 당사자가 위 특약 사항과 확인설명서를 읽고 듣고 계약, 서명 날인하는 것이다.

15 이외 협의 사항

16 매도인(소유자) 계좌번호

> 🖋 건축업자에게 매매하는 경우 중개사는 한결 수월하다. 건축업자들은 특별한 상황이 아니면 매도인의 요구 조건을 거의 수용하는 편이다. 철거할 집이니 매매 후 하자 부분의 문제 제기도 없다.

다가구 주택 매매 특약

특약 사항 관리 주거용 매매에서 **다가구 주택 매매**로 이름 붙여서 저장해둔 후 **자주 쓰는 특약 사항 적용** 눌러 사용한다.

01 현 시설 상태의 매매 계약이며 매수인은 공인 중개사와 동행하여 현장을 방문하고 위 부동산의 건물 상태를 확인한 후 체결하는 계약이다. 계약 이후 도시 계획의 변경 등 공법상 행정처분의 책임을 매도인에게 묻지 않기로 한다.

02 대지 건물 면적은 공부상 기준으로 향후 실측 면적과 차이가 있더라고 매도인, 매수인은 이의를 제기하지 않는다.

03 소유권 이전 등기가 완료되기 전에 등기부 등본상에 권리 제한 사유가 발생하면 매수인은 계약을 해제할 수 있으며 이 경우 위 5조에 의하고 별도로 매매 금액의 20%를 손해 배상하기로 한다.

04 잔금 시까지의 공과금(수도 요금, 전기세, 도시가스 요금 등) 및 렌털 또는 건물 내 설치된 것으로 매월 사용료를 납부해야 하는 것(인터넷, 엘리베이터 등)은 매도인 부담으로 한다.

05 현 임차인과 임대 보증금은 매수인이 승계하며 보증금은 잔금에서 차감하기로 하고 매도인은 현 임차인의 계약 기간을 책임지기로 한다.

06 잔금일에는 건물만을 인수받기로 한다(쓰레기 처리 정화조 청소 포함). 매수인이 인수하기로 한 것(쇼파, 거실장) 외의 물건 또는 쓰레기 등의 잔여물이 있는 경우 잔금의 1%는 처리 후 입금하기로 한다. 옥상에 화분 모두 치울 것.

07 위 주택의(확장, 구조 변경, 차양 설치 등) 위반(불법) 부분은 매수인이

현장을 방문하여 확인하고 매수인이 일괄 승계 인수하기로 하는 계약이다(건축물대장은 가구 수와 현 상태의 가구 수 확인하는 것 잊지 말 것).

08 본 계약의 잔금 일에 등기부등본 을구에 설정된 채권 최고액은 매수인이 승계하는 조건으로 본 계약을 체결함(중도상환 수수료가 문제 있음).

09 세금은 세법에 의한다.

10 건물에 설치된 인터넷, 정수기 등은 매수인이 인수하기로 한다 (위약금 문제 있음).

12 ① 각 방의 옵션은 기본으로 모두 동일하다.

② 위 주택의 기본 옵션은 TV, 냉장고, 세탁기, 에어컨, 가스레인지로 각 호수마다 옵션 상태가 조금씩 다르며 기본 옵션 중 205호 TV 없음, 305호 냉장고 없음, 202호 투룸은 에어컨과 가스레인지만 있음.

13 ① 리모델링 된 상태는 동일하다.

② 203호 301호는 기본으로 리모델링 되지 않았음.

14 ① 마당 화단은 정리해 주는 조건으로 이 계약을 체결한다.

② 301호 누수 부분은 잔금일 전까지 매도인이 수리해 주기로 하며 6개월 이내에 동일한 부분에 동일한 하자 발생 시 매도인의 책임으로 한다.

15 매도 시 동일한 부분에 하자가 발생한 경우 매도인의 책임으로 하고 하자를 보수하기로 한다.

16 위 주택에는 타일의 파손이 있음을 매수인이 인지하고 인수하기로 하는 계약이다.

17 리모델링으로 인한 하자는 책임지지 않는다.

18 본 특약 사항에 기재되지 않은 사항은 민법상 계약에 관한 규정과 부동산 매매 일반 관례에 따르기로 한다.

19 본 계약은 당사자가 위 특약 사항과 확인설명서를 읽고, 듣고, 계약, 서명, 날인하는 것이다.

20 이 외 협의 사항

21 매도인(소유자) 계좌번호

신축 주택 매매 시 (다가구, 다중 주택 매매 특약 참고하고 추가하기)

01 위 건물은 신축으로 하자 보수 기간은 잔금일로부터 2년으로 하고 매도인이 책임지기로 한다.

02 위 건물은 건축한 지 2년 된 주택으로 그동안 매도인이 관리하였으므로 누수 부분에 대한 하자는 내년 8월 말까지 매도인이 책임지기도 한다(한해 장마철을 지낸다).

다중 주택 매매 특약
다가구 주택 특약 참고

위 주택은 다중 주택으로 방 안에서의 **취사는 불법**임을 매수인이 인지하고 하는 계약입니다. (매우 중요)

아파트 매매 특약

01 현 시설 상태의 매매 계약이며 매수인은 공인 중개사와 동행하여 현장을 방문하고 위 부동산의 건물 상태를 확인한 후 체결하는 계약이다.

02 소유권 이전 등기가 완료되기 전에 등기부 등본상에 권리 제한

사유가 발생하면 매수인은 계약을 해제할 수 있으며 이 경우 위 5조에 의하고 별도로 매매 금액의 20%를 손해 배상하기로 한다.

03 잔금 시까지의 공과금은 매도인가 부담하기로 한다.

04 매매 금액에서 수리비로 500만 원을 차감해 주기로 한다.

05 금일에 매수인은 건물만을 인도받기로 한다(쓰레기 처리).

06 본 계약의 잔금일에 등기부등본 을구에 설정된 채권 최고액은 매수인이 승계하는 조건으로 본 계약을 체결한다.

07 세금은 세법에 의한다.

08 선수관리비(200,000만 원)는 매매 대금과는 별도로 지불하기로 한다.

09 매도 시 동일한 부분에 하자가 발생한 경우 매도인의 책임으로 하고 하자를 보수하기로 한다.

10 본 특약 사항에 기재되지 않은 사항은 민법상 계약에 관한 규정과 부동산 매매 계약 일반 관례에 따르기로 한다.

11 본 계약은 당사자가 위 특약 사항과 확인설명서를 읽고, 듣고, 계약, 서명, 날인하는 것이다.

12 이 외 협의 사항

13 매도인(소유자) 계좌번호

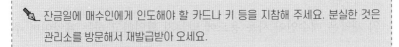

잔금일에 매수인에게 인도해야 할 카드나 키 등을 지참해 주세요. 분실한 것은 관리소를 방문해서 재발급받아 오세요.

상가 건물, 오피스텔, 공장 등 매매 특약

위의 다가구 주택의 특약 사항을 참고하고 아래 특약 사항을 꼭 확인하자.

<**특약**>

01 위 계약은 포괄양도·양수하는 조건의 계약이며, 포괄양도·양수가 불가능할 경우 건물분 부가가치세는 매매대금과는 별도로 매수인이 매도인에게 지불하기로 한다.

02 위 건물의 부가가치세는 매도인(매수인)이 부담하기로 하고 하는 계약임.

03 위의 매매계약이 포괄양도·양수가 안 될 경우 위 계약은 무효로 한다.

04 행정처분 받은 것 있는지 확인.

농가 주택 매매 시

농가 주택을 사서 신축 또는 증축하려는 경우 배수로 통과 위치를 확인하는 것이 중요하다. 자칫 기존에 있던 집이라는 생각에 쉽게 매매하는 경우 배수로가 타인의 토지 밑으로 지나가는 상황을 볼 수 있다. 이 경우 새로운 개발 행위 시 토지사용승낙서를 받아야 하기 때문에 중개 사고로 이어질 수 있다고 한다.

토지 계약 시

위 계약은 매수인이 사용 용도에 맞는지 확인하고 하는 계약이며 추후 매수인의 사용 용도에 맞추어 진행하는 인허가 사항은 매수인 책임으로 한다.

기타 특약

주택의 내부 사항을 보지 못한 상태에서 계약하는 경우의 특약 사항

01 매수인(임차인)은 2020년 1월 10일까지 내부를 확인하기로 한다. 매수(임차인)인이 내부 상태를 확인하기 전에 본 계약을 해제할 때에는 민법 해약금에 관한 규정에 따른다.

02 주택의 내부 상태가 매수(임차인)인이 매수 또는 거주하기에 통상적인 수준을 유지하고 있을 때에는 계약을 해제할 수 없다.

많은 특약을 열거했지만 특약 사항은 당사자 합의로 변경할 수 있는 것이다. 가능하면 꼼꼼하게 하나하나 기재하는 게 중개 실수나 중개 사고를 예방하는 것이라는 것 다시 한 번 강조한다. 사실 중개사의 일은 중개인데, 입주한 후에도 사용하기가 불편하다거나 고장이 난 게 있으면 중개사에게 연락해서 해결해 주기를 바라는 고객들이 정말 많다. 싫은 내색을 할 수도 없어 한두 번은 도와주지만 계속되는 고객들에게는 직접 전화해서 해결하라고 한다.

CHAPTER 12

잔금은
어떻게 할까
- 등기사항증명서 받기

매매(중도금일에도) 혹은 전세 계약의 잔금일에는 출근하는 즉시 등기 사항 증명서를 발급받아야 한다. 그리고 소유권, 소유권 외의 **권리사항** **에 변동 여부**를 확인해야 한다. 이후 당사자에게 문자를 보낸다.

 "오늘 오전 11시, 잔금 지급일입니다. 조심해서 오세요."

잔금일이 다가오면 긴장이 된다. 아파트, 연립, 오피스텔, 토지 등은 비교적 간단하지만 주택, 다가구 주택, 상가 건물 등 세입자가 많으면 정산하거나 인수할 것이 많기 때문에 일주일이나 하루 이틀 전에 다시 확인해야 한다(열 번을 강조해도 부족함이 없다).

잔금 일주일 전, 하루 이틀 전에 해야 할 일

잔금 일주일 전쯤, 매도 매수인에게 소유권 이전 서류를 준비했는 지 확인해 본다. 소유권 이전 서류 중 매도용 인감을 발급받을 때 매도 인이 공동 명의고 매수인도 공동 명의라면 매도인 두 명 모두 각각 매 도용 인감을 발급받아야 한다. 이때 공동 명의인 매수인 모두의 이름

이 나오도록 발급받아야 한다. 매수인이 공동 명의인 경우 둘의 주소가 동일하면 등본만 발급받으면 된다. 만약 주소가 다르면 등본, 초본 모두 발급받도록 안내한다. 더불어 매도, 매수인에게 미리 알려주어야 할 사항들도 많다. 잘 모르겠으면 등기하는 법무사에게 매도, 매수인에게 전화하여 안내해줄 것을 부탁해도 된다(법무사 일이기도 하다).

다음의 내용을 살펴보자.

대출 관련

(1) 매매된 물건에 근저당 설정이 되어 있어 잔금일에 상환하겠다고 한 경우

소유권 이전 서류는 법무사에게 넘겨주고 모든 정산과 전달 사항이 끝난 후 근저당 금액만큼 남겨놓고 매도인, 매수인, 중개사가 금융기관에 동행하는 것이 좋다. 그때 대출 상환 완료를 확인하고 말소 신청 접수증 받는 것을 최종 확인하고 마무리한다. 또는 매도인이 미리 대출받은 금융기관과 서로 협의해 놓고 잔금일에 계좌이체를 하고 말소 서류를 받는 방법도 있다.

(2) 매매된 매물에 근저당이 설정되어 있고 매수인도 대출받아 잔금 지급해야 하는 경우

이때는 매수인이 대출받는 지점의 은행 직원이 부동산 사무실로 출장을 나와 소유권 이전 서류가 법무사에게 넘어가는 것을 확인하고 은행 직원이 은행으로 전화를 한다. 소유권 이전 서류가 넘어가는 것을 확인했으니 대출금 실행하라고 하면 은행에서 근저당이 설정되어 있는 은행으로 설정액과 이자를 입금하고 나머지는 매수인에게 입금해준다.

그때 매수인은 매도인에게 나머지 잔금을 입금하며 마무리된다.

중개사는 설정된 근저당이 있는 경우 매도인에게 잔금일 기준, 원금과 이자가 얼마인지 알아보고 정산서를 부동산 사무실로 보내 달라고 하면 좋다. 개인 정보라고 못 보내 준다고 하면 얼마인지라도 알려주면 좋긴 한데 어르신들은 이것도 힘들다. 이런 경우 어쩔 수 없다. 잔금일에 처리해야 한다. 중개사는 정확한 금액을 확인하면 잔금이 얼마인지 확실히 알 수 있어 일의 진행이 빠르기 때문인데, 은행마다 규정이 다르다.

> ✎ 잔금 지급 방식을 확인하자. 수표로 발행해 올 것인지 계좌이체 할 것인지. 당일 계좌 이체한다고 하면 1일 이체 한도가 가능한지 확인해야 한다.

집합건물의 잔금
집합건물(아파트 등)인 경우는 간단하다.

01 각종 키 전달(요즘 대부분은 번호키), 출입문과 현관 비밀번호를 메모해서 매수인에게 주고 각종 카드, 즉 음식물 카드, 현관 카드, 출입구 카드, 주차 카드 등의 분실 여부를 확인한다. 만약 분실한 경우 매도인에게 분양 당시 받은 수량만큼 새로 만들어줄 것을 요구한다. 준비가 되지 않은 경우 관리소에 연락하여 금액을 확인한 후 돈으로 받아 매수인에게 전달해야 한다.

02 선수관리비는 매매 대금과 별도로 지급해야 하는 것이므로 매도인에게 관리사무실에 문의하여 알아오라 하고 매수인에게 받아 매도인에게 전달하자.

03 관리비 정산은 잔금일 당일 관리소에 연락하여 정산하고 입금한 영수증 첨부를 요구하면 된다.

이렇게 모든 것이 확인됐다면 매도인에게 소유권 이전 서류를 받아 법무사에게 넘겨주고 잔금을 입금하면 된다. 대부분 법무사가 매도인이 들어오기가 무섭게 소유권 이전 서류를 받아 확인하고 잔금 넘어가는 것을 확인하고 간다.

그런데 소유권 이전 서류도 확인했고 다른 확인 사항도 다 끝났지만, 매수인의 계좌이체가 되지 않아 은행으로 가거나 대출 실행이(대부분 오전 10시면 된다.) 늦어질 수도 있다. 이때 법무사는 중개사에게 "잔금 넘어가면 전화 주세요." 하며 소유권 이전 서류를 가지고 사무실을 나가기도 한다. 잔금 넘어간 것을 확인하고 등기 접수해야 하니 서로 믿고 하는 것이다.

그런데 가끔 매도인이 잔금도 받지 않았는데 서류를 가지고 어딜 가냐며 법무사를 붙잡는 경우가 있다. 그때는 법무사도 잔금이 입금될 때까지 사무실에 함께 잡혀 있기도 한다.

단독, 다가구 주택, 상가 건물, 상가 주택인 경우

(1) **잔금 일주일 전에**

01 정화조 청소는 잔금일에 영수증으로 확인(잔금일에 안 했다고 하면 현금으로 받아 매수인에게 전달)

02 도시가스 요금 정산(전출 신고)은 3일 전에 미리 신청할 것을 알려주자.

03 전기세, 수도세는 잔금 전날, 또는 잔금일 당일 아침 계량기 수치

를 해당 기관에 알려주며 이사 정산을 요청하면 납부 금액과 계좌 번호를 문자로 보내온다. 이때 계좌이체 한 것으로 확인한다.

04 인터넷 등 인수하기로 한 것은 명의 변경(잔금일 전에 하면 좋다)을 하라고 안내해 줘야 한다. 미리 하나하나 알려줘야 잔금일 당일에 모든 진행이 수월하다.

05 잔금일에 인수인계(키, 카드)할 것, 연락처(인터넷, TV 수신료, CCTV, 청소업체, 엘리베이터, 소방관리 업체 등) 등을 알려줄 것을 요청히여 정산서에 기재해 놓자(A/S 발생 시 조치에 필요하다).

06 세입자가 있다면 임차인의 계약서를 챙겨오라고 한다.

07 소유권 이전 서류를 준비해 두었는지도 확인하자.

08 현 세입자의 변동 사항이 있는지 확인하고 없다면 계약 당시 복사해둔 임차인 계약서로 잔금일 기준으로 월차임과 관리비를 일별로 계산하고, 인터넷, 엘리베이터요금, 정수기(렌탈) 등 매달 납부하는 금액이 있다면 선불, 후불 여부를 확인하고 일별로 계산하여 잔금에서 정산해야 한다.

09 공실이었던 것도 잔금일 기준으로 공과금 정산을 부탁해야 한다.

매도인이 등기권리증을 분실한 경우 법무사가 등기를 접수하면서 함께 처리해 준다(청주는 처리 비용이 5만 원이고 매도인 부담이다).

(2) 잔금 하루 전에

01 특히 겨울철 동파 위험을 막기 위해 보일러가 작동되고 있는 경우가 많다. 때문에 잔금일 전 입주한 지 한 달 미만인 것은 입주일 기준, 정산 여부를 다시 확인해야 한다.

02 잔금일 기준, 매수인의 주소가 계약 당시와 변동이 없다면 등본만 발급받아도 된다. 만약 계약 당시의 주소가 변경됐다면 전 주소 이력(5년에 체크)이 포함된 초본도 발급받아야 한다.

03 잔금일에 매도인과는 확인할 사항이 많다. 때문에 매도인에게 약속 시각보다 아파트는 10분 전, 단독 주택, 다가구 주택, 다중 주택, 상가 건물은 30분 전에 방문할 것을 요청해야 한다.

04 매도인에게는 잔금일 하루 전(집합건물 빼고)에 준비 사항을 다시 확인하고 매수인에게는 잔금 지급 방법을 확인한다. 수표 발행인 경우 뒷면에 이서를 받은 후 한 부는 복사하여 계약서와 함께 보관한다.

05 매매나 임대 모두 잔금이 입금된 후 비밀번호를 알려 주어야 한다. 공실인 경우 잔금일 전에 한번 가보고 싶다며 비밀번호를 요구하는 경우가 있는데 알려주지 않아야 한다. 계약한 후 여러 사람과 들락거리며 트집을 잡거나 시설물에 문제가 생기기도 한다. 그래도 꼭 보기를 원하면 중개사가 동행하는 것을 원칙으로 해야 한다.

> "잔금 전에는 비밀번호를 알려 줄 수가 없어요. 임차인 중에 짐을 조금 가져다 놓고 싶다고 하여 비밀번호를 알려주면 잔금을 입금하지 않고 입주한 후 연락도 안 돼 임대인들이 애를 먹는 경우가 간혹 있어 임대인들이 못 알려 주게 합니다."

> "잔금 전에는 비밀번호를 알려 줄 수가 없어요. 꼭 한번 가보고 싶으면 제가 안내할게요. 가끔 분쟁이 생겨서 그래요. 집에 조금의 문제라도 발견되면 매도인은 매매 당시는 모든 시설 상태가 정상이었는데 매수인(임차인)이 들락거리면서 그렇게 만든 것이라고 하기 때문입니다." (전월세 동일)

전세 잔금

전세도 잔금일 아침 등기사항 증명서를 발급받는다. 그리고 소유권과 소유권 외의 권리사항이 계약 당시와 동일한지 확인해 보고 변동 사항이 없다면 임차인에게 이렇게 문자를 보내준다.

"오늘 날짜로 등기사항 증명서를 발급받아 계약 당시와 권리관계가 동일한 것을 확인했습니다. 계약 당시의 계좌로 입금 후 임대인에게 비밀번호 문의해 보시고 입주하시면 됩니다.

CHAPTER 13

부가세
소득세 신고

부가세, 소득세 신고

처음 개업할 때 간이 과세자로 할까, 일반 과세자로 할까 고민하게
된다.

간이 과세자는 1년에 연 매출이 4,800만 원 이하로 3%의 부가세를
내지만 부가세 환급을 받을 수 없다. 고객에게 현금영수증은 발행해 줄
수가 있지만 세금계산서를 발행해 줄 수가 없다. 때문에 법인과 거래할
때 다소 기피하는 경향이 있다.

일반 과세자로 할 경우 세금계산서 발행도 가능하고 본인도 부가세
환급을 받을 수 있다. 많이 벌어서 세금도 많이 낼 수 있다면 나쁘지
않다.

01 사무실에서 사용하는 것은 사업자로 바꾸자. 사용하는 납부기관
에 전화해서 사업자 번호를 전달하고 사업자 명의로 바꿔줄 것을
요청하면 된다.

사업자 카드(일반 카드도 가능)를 만들어서 국세청에 신청하면 된다.

사업자 카드는 사업하는 데 필요한 문구류, 사무실 비품, 주유, 식

사비 등에 사용하면 된다.

정수기 렌털, 임대료, 복사기 등 렌털로 사용하는 경우 사무실 유선전화, 휴대전화, 전기료, 각종 광고비 등 세금계산서 발급이 가능한 곳은 모두 가능하다.

모든 것을 사업자 명의로 바꾸면 다른 증빙 서류를 준비할 필요가 없다. 부가세 신고 시 국세청 전산에서 확인되기 때문이다.

02 간이 과세자는 연 매출이 3천만 원 미만이면 부가세가 없다.

간이 과세자는 1월, 일반 과세자는 1월, 7월 두 번 부가세 신고를 한다. 종합소득세 신고는 5월이다.

수도권은 규모가 크고 유동 인구가 많아 거래가 활발하다. 반면 지방은 유동 인구도 많지 않고 매매 금액이 적어 일반 과세자로 넘어가기가 쉽지 않다. 수도권과 지방의 중개 보수 요율이 달라야 한다고 생각하는 중개사들이 많다.

현금영수증 발급

'한방'에서 현금영수증을 클릭하면 몇 개의 업체가 나오는데 그중 한 곳을 클릭하여 가입하고 사용하면 된다. 현금영수증은 중개 보수 수령 당일에 발급해야 한다고 한다.

직원 수입의 원천 징수

사무실을 개업하면 직원을 두는 경우가 많다. 직원들은 소득 신고를 하지 않아 직원들이 가져가는 수입도 모두 대표의 수입으로 책정된다. 금액이 적은 건은 넘어갈 수 있다 해도 액수가 큰 금액은 원천 징수해야 한다.

간단한 예를 들어 보면, 중개 보조원이 성사시킨 계약의 중개 보수를 대표와 5:5로 하기로 한 경우를 보자.

중개 보조원이 1억 원의 중개 보수가 나오는 것을 성사시켜 중개 보조원이 5천만 원을 가져가고 대표 중개사가 5천만 원의 수입이 생겼다고 가정하자. 이것을 원천 징수하지 않을 경우 1억 원이 대표의 수입으로 책정될 것이다. 간이 과세자가 되어 부가세가 3%, 즉 부가세 300만 원을 납부해야 한다. 소득은 1억 원으로 35% 구간에 해당하며 소득세는 3,500만 원을 내야 한다. 그리고 수입이 많아지니 건강보험료가 인상되고 일반 과세자로 전환된다.

원천 징수 방법은 간단하다. 중개 보조원에게 주는 금액에서 3.3%를 떼어 세무서에 중개 보조원 이름으로 신고하고 납부하면 된다. 이렇게 되면 대표의 수입으로 책정되지 않고 중개 보조원도 자신의 소득에 대해 소득세를 납부하는 것이다. 원천징수했다면 다음달 10일까지 세무서에 신고해야 한다.

CHAPTER 14

당부의 말

각자의 분야에는 전문가가 있다

중개사들은 의뢰인의 질문에 항상 확정적인 대답은 피해야 한다. 부동산 정책이나 세법이 수시로 바뀌기 때문에 정말 열심히 공부하지 않으면 따라갈 수 없기도 하지만, 모든 분야에는 그 분야의 전문가가 있으니 정확한 것은 그 분야의 전문가에게 맡기는 것이 맞다. 우리는 공인 중개사이므로 중개의 전문가가 되자.

세금 문제에 대해 물어보면

"저는 이렇게 알고 있으니 정확한 건 세무사에게 물어보세요. 법이 너무 자주 바뀌어서 제가 알고 있는 게 정확하지 않을 수도 있습니다." 또는 "126번으로 전화해 보세요."

대한민국 공무원들은 대체로 친절하고 무료 상담해 볼 곳도 많다. 그리고 법적인 부분도

"저는 이렇게 알고 있으니 정확한 건 법무사(변호사)에게 물어보세요."

중개사의 금기어가 있다. "내가 책임질게요."라는 말이다. 계약하려는 욕심에 이런 말을 하여 금전적 손실을 본 동료 개공도 보았다. 공인중개사의 일은 돈으로 연결된다는 것을 잊지 말자.

남 잘되는 일에 배 아파하지 말자

공인 중개사들이 좀 더 성숙한 모습으로 변화되기를 바란다. 주변에 누군가 또는 내게 의뢰했던 고객이 다른 부동산 사무실에서 계약했다고 하면,

"왜 그렇게 비싸게 주고 샀느냐?"

"내가 사드렸으면 그 금액보다 더 싸게 사드렸을 텐데."

"거기다 왜 샀느냐? 거기는 나중에 팔려면 힘들 텐데."

"거긴 너무 깊이 들어가 있어 방도 잘 안 나갈 텐데."

이렇게 말하면서 상대방 마음을 불편하게 하는 개공들이 있는데 그러면 본인 마음은 편한 건지 묻고 싶다. 속이야 좀 쓰리겠지만 이렇게 말하면 얼마나 좋을까?

"잘하셨네요. 제가 도와드렸어야 했는데 좀 아쉽네요. 다음에 궁금한 것 있거나 혹시 집 산다, 땅 산다 하시는 분 계시면 소개 부탁드려요."

같은 업에 종사하는 사람끼리 서로 격려하고 도와주고 공생하면 좋겠다. 나의 경우도 어느 날 괜찮은 물건이 나와 그동안 관리하고 있던 고객에게 전화했더니 이미 계약을 했다고 한다. 그러면 더 이상 아무것

도 묻지 않고 끝내거나 친분이 좀 있었던 분이면 물어보기도 한다. 그후 내가 어떤 부분에서 부족했는지 생각해 보고 똑같은 실수는 하지 않겠다는 생각으로 노트에 기록해 둔다. 그리고 앞으로 더 열심히 해야겠다는 다짐의 기회로 삼으며 혼자 파이팅을 외친다.

내가 가장 싫어하는 말

친분 있는 개공들끼리 가끔 만나 식사도 하고 차도 마시며 이런저런 대화를 하며 시간을 보낼 때가 있다. 같은 업에 종사하다 보니 대화의 내용 대부분이 중개하는 이야기다. 서로 본인들이 겪은 경험담을 이야기하는데 초보 개공인 나에게는 많은 도움이 되는 자리다.

이때 귀를 쫑긋 세우고 선배 개공의 말을 한마디라도 놓칠세라 집중한다. 지금도 예외는 아니다. 열심히 들으며 저런 경우도 있구나 하기도 하고 멋지게 중개를 완성한 이야기를 들을 때면 부러운 생각이 들기도 한다. 반면에 어려웠던 일을 말하면 나도 잘해야겠다 하기도 한다.

그런데 가끔 이런 말을 하는 개공이 있다.

"집을 열 개도 더 보여 줬는데 계약을 안 하고 갔어. 날도 더운데. 쇼핑하러 온 거야 모양~ 사람을 그렇게 고생시켜 놓고 그냥 가네. 에이 괜히 고생만 했어."

이런 말을 들으면 혹시 근처에 있는 일반인들이 들을까 살짝 긴장되면서 부끄럽기도 하다.

집 사고, 땅 사고, 건물 사는 것은, 어느 누군가는 평생 한 번도 못하기도 하는데 정말 신중하게 보고 또 보고 결정해야 하는 것은 당연한 것이다. 10개를 보여 줬어도 계약이 성사되지 않았다면 내가 더 많은 물건을 보유하고 있지 못한 것을 반성하고 더 열심히 물건 찾는 일을 해야 한다고 생각한다. 그리고 내게 부족했던 부분은 무엇이었는지 고민하고 반성해야지 고객 탓을 하는 것은 옳지 않다.

같은 업 하는 사람끼리 이러지 말자

이 일을 하다 보면 같은 업을 하는 중개사들의 부끄러운 모습을 보게 된다.

(1) 손님을 뺏어갔으니 중개 보수를 나눕시다

상가를 찾는 임차 의뢰인이 왔다. 적당하다 싶은 상가가 있어 보여 주었더니 계약을 하겠다고 했다. 임대인과 약속을 잡고 이틀 후 계약을 하기로 했다. 그런데 그다음 날 근처에 있는 개공(이하 '갑')에게 전화가 왔다. 119번지 101호 상가 계약하기로 했느냐고 묻기에 그렇다고 하니 업종이 무엇이냐고 또 묻는다. 만두 배달점이라고 했다. 그랬더니 갑이 하는 말이 며칠 전에 자신이 보여준 손님인데 왜 남의 손님을 뺏어가느냐며 소리를 지르는 것이다. 난 무슨 영문인지도 모르고 듣고만 있는데, 갑의 사무실로 3시까지 오란다. 가보니 처음 보는 또 다른 개공('을')이 앉아 있는 것이다.

내용인즉,

전날 나는 임대인에게 101호를 만두 전문점 할 사람이 계약할 것이라고 말했다. 다음날 임대인이 갑의 중개 사무실을 방문했다가 101호를 만두 배달점으로 계약하기로 했다고 말한 것이다. 이 말을 들은 갑은 며칠 전에 자기가 보여준 손님 같다며 임대인이 간 후 내게 전화를 한 것이다. 그 손님은 원래 을 개공이 갑 개공에게 소개해준 손님이란다. 그러니 이 계약은 하되 중개 보수는 셋이 나눠야 한다는 것이다.

나는 못하겠다고 했다. 내 사무실에 본인 발로 들어온 손님에게 내가 보여주고 설득해서 하는 계약인데, 그걸 왜 셋이 나눠야 하느냐며 나와 버렸다. 그러고 1시간 후 계약하겠다던 임차 의뢰인에게서 전화가 왔다. 갑에게 전화가 와서 난리가 났다는 것이다. 기분 나빠서 계약하고 싶지 않다고 하기에 나도 알았다고 하고 끝냈다. 그리고 며칠 후 다른 임차 의뢰인과 그 상가를 계약했다. 갑이 속상했을 거라는 것은 안다. 차분히 얘기하며 일을 해결하려고 했다면 나도 다른 방법을 생각했을 것이라는 아쉬움이 남았다.

(2) 내가 보여준 물건인데

어떤 개공은 본인이 보여준 상가를 며칠 후 다른 부동산에서 계약한다는 것을 알고 계약서 작성 중인 사무실로 달려가 임대인과 임차 의뢰인에게 자신이 보여준 물건인데 왜 여기서 계약을 하느냐며 임대인과 임차인을 본인 사무실로 데리고(끌고 와서)가 계약했다는 얘기도 들은 적이 있다.

남의 탓 하지 말고, 혼자서만 다 하려고 너무 욕심도 내지 말고, 공생한다는 마음으로 함께 갔으면 좋겠다. 내가 보여 주었던 물건이라도 시간이 지나 다른 사무실에서 계약했다고 하면 속이야 쓰리겠지만, 그 이후 꾸준히 관리 못 한 내 탓이라 생각하고 나랑은 인연이 거기까지였나 보다 하고 조금은 내려놓았으면 좋겠다. 그리고 주변 개공이 계약했다고 하면 축하해 주는 성숙한 우리 개공들이 되자.

CHAPTER 15

경험담

원상복구는 어디까지?

분할 상가를 매매하게 되었다. 상가는 공실 상태였고 매수인이 사용하기로 했다. 그곳이 전에 주점이었던 곳으로 한쪽은 바닥보다 조금 높게 좌식 테이블이 있고, 홀에는 입식으로 된 테이블이 있었다. 입식 테이블이 있는 곳의 바닥은 타일이었다.

계약 조건은 매수인이 내부 시설물을 모두 철거하고 좌식 테이블이 있는 공간과 입식 테이블이 있는 바닥을 동일하게 해달라는 것이다. 매도인도 동의했고 철거를 시작했다. 그런데 잔금 전에 매수인이 현장에 가보고 하는 말이, "철거를 했으면 바닥을 기존의 타일과 비슷한 것으로라도 해서 사용을 할 수 있게 해 놔야지." 하는 것이다. 매도인은 "철거했으면 됐지 내가 왜 그것까지 해 놔야 하느냐?"라고 한다. 양쪽 모두 자신의 말이 옳다고 주장하며 대치 상황이 시작되었다.

원상복구는 어디까지 해야 하는지 그 선을 잡아서 조절하고 특약에 명시했어야 했다. 미숙한 나의 실수다. 잔금일은 다가오고 양쪽은 모두 버티고 있었다. 덕분에 나는 매일 전화에 시달렸다. 그래도 다행이라면 나를 탓하진 않고 서로 상대방이 상식에 없는 사람이라며 나에게 하소

연만 했다. 이젠 둘의 감정 싸움, 자존심 싸움이 된 것이다. 방법을 찾아야 했다. 마무리는 어떻게 되었을까?

나는 이리저리 연락을 해보고 아는 사람들을 총동원해 견적도 받아봤다. 이리저리 쫓아다닌 끝에 공사 비용을 "나도 부담할 테니 셋이 함께 공동 부담합시다." 하여 마무리를 했다.

뭔가 문제를 해결하고자 할 때는 나의 희생이 요구될 수 있다. 그럴 땐 과감하게 하자. 문제가 있으면 해결할 방법도 있다.

처음 매수인이 원상복구 해주면 계약하겠다고 했을 때,

> "사장님, 그럼 이 바닥을 이쪽과 동일하게 만들어 놓기만 하면 되는 거죠? 그럼 사장님께서 사장님 사용 용도에 맞게 수리나 공사를 해서 사용하겠다는 거죠?"

> "사장님, 철거까지는 매도인 사장님이 해주신다고 하니 그렇게 하시고요, 바닥 공사는 사장님이 사장님 취향에 맞게 하는 게 좋을 것 같아요. 바닥 공사하려면 50만 원 정도 든다고 하니 매매 가격에서 50만 원 감액해 달라고 하는 게 서로 좋겠어요."

이렇게 진행했다면 어느 쪽으로든 결정됐을 것이다. 이때 이런 특약을 사용했어야 한다.

〈특약〉

위 계약은 매도인이 내부를 철거(좌식 테이블 있는 자리 포함)해 주기로 하고 하는 계약이며, 철거 후 좌식 테이블 있던 자리는 매도인이 원상복구(바닥공사) 하기로 한다. 또는 철거만 하기로 한다.

계약금을 10%로 하지 않아 계약 해제 된 경우

⑴ 5억 다가구 주택 매매

3억짜리 다가구 주택 매매 계약을 했다. 계약서를 작성하는데 매수인이 1천만 원만 입금하고 계약을 하자는 것이다. 그때 중개사인 내가 "사모님 그건 안돼요. 계약금을 10%는 해야죠. 오늘 안 되면 10일 안으로 2,000만 원은 더 입금해야 합니다. 여기 사모님도 이 돈으로 집을 계약해아 하는데 이것 가지고는 안 되죠."라고 명확하게 했어야 했다.

그런데 계약하고 싶은 욕심이 앞서서 그렇게 강하게 하면 혹시라도 계약이 취소될까 봐 매도인에게 소심하게 이렇게 물었다. "사모님 그래도 될까요?" 하고 말이다. 듣고 있던 매수인이 갑자기 다소 격앙된 목소리로 기분 나쁘다는 듯이 "내가 돈이 없어서 이러는지 아느냐? 내가 다음 달에 큰 식당을 오픈하는데, 지금 거기 돈이 너무 많이 들어가서, 앞으로도 식당 인테리어나 집기류 넣는데 얼마나 들어갈지 몰라서 그런 것이다. 다음 달에도 들어오는 돈이 있는데 그것만 들어오면 잔금도 일찍 치를 수 있다."는 등 큰소리를 치니 매도인 역시 소심하게 "그럼 식당 오픈하고 나면 얼마라도 줘야 해요?" 이러면서 중도금 날짜를 정하지 않은 채 계약이 마무리됐다.

며칠 후 매도인이 나를 찾아와서 하는 말이 "식당 오픈하고 나면 얼마라도 준다는 거지?" 하고 내게 묻는 것이다. 사실 준다는 말을 하지 않았으므로 "준다고 하진 않았죠(이 말을 하며 나의 가슴도 쿵 하고 내려 않았다. 그리고 큰일 났구나)." 했다.

"아니 준다고 했잖아? 나는 식당 오픈하고 나면 개업 때 손님도 많이 오고 돈 받을 것도 있다고 하면서 준다는 걸로 생각했는데….."

하지만 그건 매도인의 생각이었다. 이때부터 일은 꼬이기 시작했고

2개월을 시달렸다. 매도인는 3억에 계약을 하고 인근에 있는 지인분의 집을 5억에 계약했던 것이다. 일단 계약금으로 받은 일천만 원을 주고 늦어도 한 달 안으로 4천만 원을 주기로 했다는 것이다.

매도인은 하루가 멀다 하고 전화하고 찾아왔다. 한 달여가 흘렀고, 그때마다 매수인에게 전화해서 상황을 설명하면 매수인은 또 이렇게 말했다.

"계약한 지 얼마나 됐다고 벌써 돈 얘기냐? 그리고 내가 언제 준다고 했느냐? 계약서대로 해야지 무슨 소리냐? 나는 못 주니까 이제 내게 전화하지 마라. 잔금날에 보자."

이런 말만 반복적으로 했다.

"사모님이 돈을 줘야 이 사모님도 계약을 하든지 하죠." 하면 "그건 본인이 알아서 해야지 왜 나한테 이러냐?" 그러더니 급기야 매수인은 차츰 전화도 받지 않고 문자에도 답이 없었다. 매도인은 지인분에게 4천만 원을 지급하라는 내용증명서까지 받으며 시달리고 있었다. 매도인은 식음을 전폐하기에 이르렀다.

매수인이 잔금을 제날짜에 지급할 것이라는 확신이 있으면 매도인은 4천만 원을 더 입금해 주면 되는데 혹시라도 매수인이 잔금일에 계약금을 포기하고 계약을 포기하는 경우, 매도인은 4천만 원을 더 손해 보는 것이고, 혹시라도 잔금일에 매수인이 잔금을 지급하면 매도인은 갈 곳도 없이 집을 비워줘야 하는 상황이 된 것이다.

나는 매도인에게, 매도인은 지인분에게 시달리며 2개월의 시간이 흘렀다. 그때 왜 그랬는지 생각해 보면 결국 미숙한 내가 욕심만 앞세워 생긴 일이었다. 계약서 쓰기 전으로 돌아갈 수만 있다면 하는 생각을 수없이 하며 하루하루를 보내다 더 이상 이런 시간을 견딜 수 없어 결정을 내렸다.

매도인에게 오시라고 했다.

 "사모님, 제 생각에는 이분이 이 동네에 집을 샀기 때문에 저를 안 보고는 살 수 없잖아요. 그런데 이렇게 전화도 안 받고 문자를 해도 대꾸가 없는 걸 보면 이 계약을 포기하려고 하는 것 같아요. 그러니 사모님도 지인분께 계약 포기한다고 하세요. 그리고 혹시라도 잔금일에 돈 가지고 나타나면 그때는 지인분에게 집 사시라 하고 익스프레스에 짐 맡겨놓고 친구분 집 구할 때까지 한두 달 저희 집에서 저랑 함께 살아요. 그리고 매수인이 계약 포기하면 그냥 사시면 되고요."

내 말을 들은 매도인은 고맙다고 하며

 "내가 그날 정신이 나갔었나 봐. 이런 실수 안 하는 사람인데…."

 "저도 그때 10% 입금해야 한다고 강하게 밀어붙였어야 하는데, 제 잘못도 크죠."

이렇게 정리하고 나니 마음이 홀가분해졌고 더 이상 매수인에게 연락하지 않았다. 결국 잔금 지급 20일을 앞두고 매수인에게 문자가 왔다.

 "대표님 미안한데 계약 포기해야겠어요."

그래서 나는 알고 있었다는 듯이 "네" 하고 더 이상 아무 말도 하지 않았다. 3개월여 동안 얼마나 힘들었는지 정말 지금도 생각하고 싶지 않은 시간들이다. 지금은 매도인분과 끈끈한 사이가 되었다. 매도인은 동네에서 집 판다는 분만 계시면 알려 주시고, 산다는 분 계시면 "ㅇㅇ ㅇ 부동산 가보라고, 거기 대표가 의리 있다"며 이제는 우리 사무실의 홍보 대사가 되셨다.

(2) 7억짜리 매물

7억짜리를 매매하는데 계약금 일부로 500만 원을 입금받은 매도인이 평소에 봐둔 물건(9억)이 있어 계약금 일부로 받은 500만 원을 입금하고, 5일 후에 본 계약서를 쓰기로 했으니 우리도 그날 계약서 작성을 하자고 한 것이다. 그런데 계약 당일 매수인이 4,500만 원만 준비해 왔다.

"1시간 후에 나도 저쪽 가서 계약하기로 했는데, 그 건물은 9억이라 여기서 7천 받고 2천 보태서 계약해야 하니 6천5백을 더 줘야 한다. 계약금은 10% 아니냐?"

"계약하는데 꼭 10% 해야 한다고 법에 나와 있는 것도 아니고 5천만 원으로 해도 되는 거 아니냐?"

"법에는 안 나와 있어도 10% 주고 계약하는 것은 상식이다."

"그게 무슨 상식이냐? 서로 형편 봐서 하면 되는 거지."

순간 분위기는 살벌해졌다.

결론은 9억짜리 매도인에게 전화해서 사정 얘기를 하니 처음엔 본인도 그날 9천을 써야 해서 안 된다고 했지만 설득 끝에 7천만 원에 계약서를 작성하기로 하고 일주일 후에 2천만 원을 주기로 했다. 매수인이 담보대출을 받아야 하는 상황이어서 일단 매도인이 대출을 받아 상대방 매도인에게 주고 잔금일에 매수인이 대출을 인수하는 걸로 마무리했지만 1시간 이상 지옥과도 같은 시간을 보냈다. 중개 일은 정말 생각지도 못했던 일들이 도사리고 있다. 이 또한 미숙함에서 온 실수였다. 계약서 작성하기로 했을 때 매수인에게 계약금은 10%라고 분명히 했어야 했다. 혹시 10%가 안 된다고 하면 미리 매도인에게 양해를 구하고 진행했어야 했다.

잘 아는 사람이라고 확인 제대로 하지 않아 벌어진 실수

정말 어이없는 실수를 한 적도 있다. 어떻게 그런 일이 있을 수 있는지 지금 생각해도 부끄럽고 창피하다.

잘 아는 친구의 소개로 친구의 지인 집을 매매하게 되었다. 계약서 작성하는 날 친구가 잘 아는 분의 집이라고 하니 믿는 마음에선지 좀 해이해져 꼼꼼하게 챙기지 못했다. 계약서를 작성하기 위해 방문하신 분이 당연히 소유자라고 생각하고 등기부 등본을 발급받아 을구만 확인하고 주민등록증을 받아 매도인란에 입력하고 계약서를 작성해 당사자에게 한 부씩 나눠주고 마무리했다.

그런데 이틀 후 은행에서 연락이 왔다. 계약서에 기재된 매도인은 소유자가 아니라는 것이다. 대출 서류를 확인하는 과정에서 계약서에 있는 매도인과 소유자가 다르다는 것을 발견한 것이다. 계약서에 기재된 사람은 소유자의 아내였다.

계약금으로 2,000만 원이 넘어갔는데 만약 남편이 매매 의사가 없고 나는 모르는 일이라고 한다면 어떻게 하나? 혹시 둘 사이가 안 좋은 상황이면 어쩌나 별의별 생각이 스치며 아찔하고 막막했다. 다행히 계약한 매도인에게 전화하여 남편 전화번호를 받아 우여곡절 끝에 실소유자와 다시 계약서 작성을 하긴 했지만, 마무리까지 쉽지는 않았다. 지금 생각해도 어이가 없어 실소가 나온다.

잔금일 체크 못 해 벌어진 일

전세 계약을 했다. 현재 임차인이 거주하는 중에 본인이 신임차인을 구하고 나가는 상황이었다. 계약서를 작성할 때 신임차인이 이사 날짜가 11일인데 혹시라도 그날 남편의 시간이 안 되면 그다음 주 토요일인 18일이 될 수도 있다고 했다. 계약서에 잔금일은 11일로 하고 18일로 연기되면 나에게 연락을 달라고 부탁하며 마무리를 했다.

계약서를 마무리한 후 현재 임차인에게 그대로 설명을 했다. 그 후 신임차인에게 연락이 없었고 나도 잊고 있었는데 입주 예정일 이틀 전, 현 임차인에게 연락이 왔다.

 "11일에 잔금 몇 시에 하기로 했어요? 저도 그날 그 돈 받아서 그쪽에 주고 들어가야 해서요."

나는 바로 신임차인에게 연락을 해서 11일 몇 시에 잔금을 처리할지 물었다. 그런데 대뜸 한다는 말이

 "내가 언제 11일에 이사 들어간다고 했어요? 18일이 될 수도 있다고 했잖아요. 우리는 18일에 이사 갈 거예요.

헉! 와~ 허! 우와!

 "아니 그때 바뀌면 연락 준다고 하고 연락을 안 하셔서 그대로 진행되는 줄 알았죠."

인제 와서 이런 말이 뭐가 필요하겠느냐만 돌아오는 말은 이랬다.

 "그럼 그때 전화해서 물어봤어야죠."

뭔 소리를 하냐는 것이다.

 "그럼 전세금을 미리 주면 안 되나요? 저쪽은 이삿짐도 다 맞춰 놓고 그 돈 받아 들어가야 한다는데요."

 "아니 나도 여기서 전세금 받아서 줘야 하는데 이사도 안 갔는데 누가 전세금을 줘요?"

 "그럼 반만이라도 달라고 주인분께 말해 보면 안 될까요?"

나는 울음이 나올 지경이었다.

 "말은 해 볼게요"

결국 돌아온 답은 안 된다는 것이다. 누구를 탓하겠는가! 계약서 작성한 다음 날 잔금일이 변경됐는지 확인했어야 했는데 내가 까맣게 잊어버리고 있었으니…. 그래서 항상 계약서 작성을 하고 변동 사항이 있으면 바로 그 자리에서 포스트잇으로 메모하여 붙여 놓고 신경 쓰고 체크해야 한다.

어떻게 해야 하는지 막막하기만 했다. 나라도 가만있지 않을 텐데 현 임차인에게 무슨 말을 어떻게 해야 하는지 멍하니 있다 보니 그 당시 현 임차인이 했던 말이 생각났다. 본인들은 LH 임대 주택에 당첨돼서 들어가게 되었다며 거기는 보증금이 2천만 원이라고 했던 말. 그래서 용기를 내어 전화했다. 현재 상황을 말하고 2천만 원을 구해서 입주해야 할 것 같다고. 그리고 전세금은 다음 주에 받아야 한다고 하니 가만히 있을 리가 없었다. 아무튼 어마어마한 원망을 듣고 죄송하다고 수없이 사과했다. 지금 생각해도 그분에게 미안하다. 전 재산이나 다름없는 돈을 못 받고 나가야 하는 그분 심정이 어땠을까 싶다.

중개 업무는 정말로 정신 똑바로 차리고 집중해야 한다. 메모를 하는 도중에 갑자기 손님이 들어온다거나 전화가 와서 통화하다 보면 생각이 다른 데로 가고, 그러다 보면 중요한 것을 놓치게 된다. 그게 또 실수로 이어지게 되기 때문이다. 이제는 메모할 것이 있으면 일단 메모부터 하고 다음 일을 하려고 많이 노력한 결과 많이 좋아지긴 했다.

세입자가 협조 안 해줘서 옆집 보고 매매한 경우

아파트 매수 의뢰인이 있었다. 내 사무실 근처에 있는 아파트에는 마땅한 물건이 없어 공동 중개를 하려고 매수 의뢰인이 원하는 아파트 단지에 있는 대표에게 전화를 했다.

그쪽 대표가 정말 괜찮은 물건이 있다며 하는 말이 현 세입자가 10년째 전세로 살고 있는 집인데 이번에 소유자가 매매를 하겠다고 하니 현 임차인이 사겠다고 했다는 것이다. 소유자는 살던 사람이 사겠다고 하니 시세보다 1천만 원 저렴한 금액을 말했는데 천만 원을 더 내려 달라고 한다는 것이다. 그래서 소유자가 그렇게는 안 된다고 하니 그 후로 현 세입자가 손님이 와도 집을 보여 주지 않는다는 것이다. 이제는 소유자도 괘씸한 생각이 들어 현 임차인에게는 팔고 싶지 않다는 것이다.

그래서 상의 끝에 매수 의뢰인에게 집의 상황을 설명하고 옆 동에 있는 동일 구조의 집 두 채를 보여주었다. 충분히 설명한 후 금액도 저렴하니 계약을 하자고 했다. 계약 후 집 상태가 마음에 들지 않으면 쌍방 과실 없이 계약 해제할 것을 특약 사항에 기재했다. 이후 현 세입자에게 매매 사실을 통보하고 집 내부를 볼 수 있었다. 아파트는 이렇게도 매매가 가능하다.

상가 불법으로 확장한 것을 확인 못 해 벌어진 일

상가 임대를 계약했다. 만 1년 된 신축 건물이었고 육안으로 보기에는 불법이라고는 찾을 수 없었다.

한 달 후 임차인이 인테리어를 마치고 구청에 허가 신청을 하는 과정에서 담당 공무원이 보여준 도면을 본 임차인이 상가 모양이 도면과 다르다는 것을 알고 내게 전화를 했다. 도면은 소유자만 발급받을 수 있어 내가 확인할 방법은 없었다. 다행히 그 건물을 건축한 건축업자를 알고 있었기에 연락하여 문의했다.

건축업자가 현장에 와서 하는 말이 뒤쪽 화장실 문 앞에 있던 벽을 사용 승인 후 철거했다는 것이다. 나는 옆에서 지켜보며 인테리어까지 다 마친 상태인데 큰일이다 싶은 게 등줄기에는 식은땀이 맺히고 있었다. 그런데 건축업자가 이게 무슨 일이냐며 대수롭지 않다는 듯 "이런 일은 흔한 일이에요. 여기 이쪽이랑 이쪽 좀 뜯어내서 문 달아 줄 테니 허가받은 다음 다시 뜯어내든지 그냥 사용하든지 하고 싶은 대로 하세요." 하니 임차인도 알았다고 했다. 이때 타이밍도 절묘하게 내게 전화가 왔다. 내가 통화하는 모습을 보더니 건축업자가 "대표님은 바쁜가 보네요. 가보세요. 여기는 우리가 알아서 할 테니…." 하여 나는 걸음아 나 살려라 하고 현장을 빠져 나왔다. 이후 건축업자의 방법대로 순차적으로 일은 해결되었다.

만약에 그때 그 임차인이 인테리어 해놓은 것을 뜯어내고 다시 했으니 어떡할 거냐, 중개사 잘못이니까 물어내라고 했다면 어땠을까? 그 임차인도 몰라서 그랬던 건지 그 이후로도 내게 한마디 말이 없었다. 하지만 도둑이 제 발 저리다고 나는 지금도 그 상가 앞을 지나가려면 그때 일이 생각나 미안하다. 그래도 가끔 들러 차도 마시며 담소를 나누긴 하는데 그땐 정말 운이 좋았다는 생각이 든다.^^

임차인 있는 방을 보고 임대 계약을 쓴 경우
실무 경험 없이 개업했다가 이 일로 중개업을 포기한 사례다.

2018년 3월 20일

 "어서오세요."

 "안녕하세요. 저 C빌 205호 사는데요. 이번에 다른 지방으로 가게 돼서 지금 살고 있는 방을 내놓으려고요. 그런데 제가 작년 8월에 들어와서 아직 계약 기간이 남았거든요. 빨리 좀 나가게 부탁드립니다."

 "금액은요?"

 "보증금 300에 월세는 30만 원입니다."

 "그럼 지금 짐은 다 뺀 상태인가요?"

"아니요, 제가 4월 1일부터 출근이라 아직은 살고 있는데요. 비밀번호 알려 드릴 테니 아무 때나 가셔도 됩니다."

 "네 그럼 연락처 좀 주세요. 그리고 계약은 집주인과 해야 하니 임대인 연락처도 주세요. 임대인분께도 이사 간다는 말씀은 드렸죠?"

며칠 후 이 방을 계약했단다. 신임차인의 계약 조건이 입주 청소와 노배 재시공이었고 임대인도 동의해 순조롭게 이루어졌다. 그런데 입주 전날 신임차인이 청소랑 도배 상태를 확인해 보겠다고 하여 함께 갔는데 도배와 청소가 약속대로 되어 있지 않았다. 신임차인이 화를 내며 이 상태로는 입주할 수 없으니 보증금 반환을 요구했다.

임대인은 더러운 줄 알고 해준다고 한 건데, 너무 깨끗해서 할 필요가 없었다는 것이다. 그리고 보증금도 돌려줄 수 없다고 하더란다. 신임차인은 중개사에게 계약 위반으로 보증금 반환을 지속적으로 요구하고 임대인은 요지부동이었다. 중간에서 시달리던 중개사가 결국 신임차인의 계약금 30만 원을 자비로 반환해 주었는데 여기서 끝난 게 아니었다. 임대인이 거의 매일 출근하다시피 하며, 계약되었다고 해서 계약 기간이 남았음에도 보증금 반환을 해줬는데 임차인도 안 들어와 월세도 못 받고 손해가 막심하다며 중개사가 책임져야 하는 것 아니냐, 무슨 일을 이딴 식으로 하느냐고 윽박지르고, 방 나갈 때까지 근 한 달여간 괴롭힘을 당했다는 것이다.

중개업이 꽃길만 걷는 것이라고 생각했던 이 친구가, 이런저런 이유도 있었겠지만, 결정적으로 이 일 때문에 사람에게 질렸다며 이 업을 접는 계기가 되었다. 이제 계약하기도 겁이 나고 무섭다고도 했다. 사실 큰일도 아니었는데, 하긴 처음엔 작은 일도 큰일처럼 느껴지긴 한다. 이때 신임차인에게 이렇게 말했어야 했다.

 "제가 임대인에게 전화 드렸는데 말이 안 통하네요. 임대인이 해준다고 하고 안 해주니 저도 더 이상 도와드릴 방법이 없네요. 계약서에 임대인분 전화번호 있으니까 직접 전화해 보세요."

매일 찾아와서 괴롭히는 임대인에게는 이렇게 딱 잘라 버렸어야 했다.

 "사모님이 약속을 안 지켜서 이렇게 된 걸 왜 그러세요. 인제 그만 연락하시고 저희 사무실에도 그만 오세요. 저도 이제 사모님과 인연은 여기까지라고 생각하겠어요."

조금 이상하면 많이 이상한 거라고 누군가 했던 말이 생각나는데 정말 맞는 말이다. 이런 사람들은 계속 속 썩이므로 인연을 끊어야 한다.

이 일을 하다 보면 소소한 일들이 많고 별 이상한 사람들도 엄청 많다. 그야말로 세상은 요지경이다. 툭하면 신고하겠다, 협회에 알리겠다며 협박성 발언을 하는 사람들도 아주 많다. 처음엔 이런 말만 들어도 큰일 난 줄 알고 사색이 되었는데 내 잘못도 아닌 걸 어쩌란 말인가? 후배 개공들은 떨지 말고 담대하게 일했으면 좋겠다.

지금도 그 친구 생각을 하면 안타깝다. 지금 이 순간 처음 운전면허증을 취득하고 자동차를 운전하고 나갔다가 접촉사고를 내고 평생 운전을 안 하는 형님 생각이 나는 건 왜일까?

계약금 돌려받으려고 생트집 잡은 경우

임대인이 타 지역에 사는 관계로 계약금의 일부 100만 원을 입금했고 계약서 작성은 일주일 후로 약속을 잡은 상태였다. 그런데 3일 후 임차인이 될 의뢰인에게 전화가 왔다. 방을 다시 보고 싶다는 것이다.

이상한 기류의 촉이 느껴지는 순간이었고 이런 예감은 어찌 그리 정확한지. 계약금의 일부인 100만 원을 입금한 후 다른 물건을 보고 마음이 바뀐 것 같다. 이미 입금한 계약금 일부인 100만 원을 돌려받으려고 생트집을 잡으러 온 것이다.

현장에 가보니 지난번 집 볼 때는 없었던 사람이 한 명 더 있었는데 같이 살 남동생이라는 것이다. 그 동생이 구석구석 살피며 트집을 잡기 시작했다. 도배를 해 달라, 문이 잘 안 닫히니 문짝을 교체해 달라, 화장실 바닥의 매지가 떨어져 나가 발바닥을 다칠 것 같으니 매지 공사를 다시 해달라, 실외기 구멍이 밖으로 연결 안 됐는데 이건 어떻게 할 거냐며 이런 곳에서는 도저히 살 수가 없다는 것이다. 동생이 말하면 엄마랑 딸도 합세해서 함께 공격을 했다. 그래서 나도 지지 않으려 했다.

"맞습니다. 임대할 때는 임차인이 사용하는 데 불편함이 없도록 모든 시설 상태를 정상적으로 해서 임대를 해야죠. 문 잘 안 닫히는 것은 그때 문을 여닫아보지 않아서 몰랐는데요, 문짝 교체까지는 힘들 것 같고 사용하기 불편하지 않게 수리해 달라고 하겠습니다. 그리고 도배도 임대인께 말씀드려서 해달라고 해 보겠는데요, 그러나 화장실 바닥의 매지(공사비 많이 드는 것인 줄 알고) 공사를 새로 해달라는 것은 무리인 것 같습니다."

"아줌마 중개사 자격증 있는 사람이야? 실장이야?"

순간 속으로 나를 엄청 어리게 본 건가 했다.

"공인 중개사입니다."

"그럼 중개사가 이런 것들을 말해 줬어야지 아줌마가 중개를 제대로 못 한 거잖아?"

어리게 본 게 아니고 막말이었다. 그래서 나도 한마디 했다.

"그래서 부동산은 본인이 직접 눈으로 보고 시설 상태를 확인하고 하는 거잖아요. 며칠 전에 셋이 보면서도 문은 확인을 못 한 부분이라 사용하기 불편함 없게 해달라고 임대인께 말해 보겠다고 하잖아요?"

"이 아줌마가… 지가 제대로 못 했으면서 지금 뭔 소리를 하고 있는 거야? 내가 가만두나 봐, 내가 아줌마 경찰에 신고할 테니 그런 줄 알고 당장 100만 원 보내라고 해!"

"그래요. 그럼 내가 뭘 잘못했는지 경찰서에서 만납시다!"

이렇게까지 가게 되었다.

지금은 이렇게 몇 줄로 짧게 언급했지만 다툼은 한 시간 이상 지속되었었다.

임대인은 본인이 직접 집 상태를 보고 계약금을 입금했으니 계약금은 돌려줄 수 없다며 법대로 하라는 말만 되풀이하고, 임차 의뢰인은 하루에 두세 번씩 전화해서 왜 해결 안 하느냐, 중개사가 잘못한 거 아니냐며 경찰에 신고하겠다는 등 계속 협박했다. 결국 씨름하다 3일 만에 임대인이 환불해주는 것으로 일단락되었다. 3일 동안 받은 스트레스는 상당했다. 결국 중개 보수도 못 받고 이게 뭐하는 짓인가 회의감마저 들었다. 이제는 이렇게 막 나가는 고객을 만나면 어느 선까지 성의를 보이고는 이렇게 말하리라 다짐하고 있다.

"사장님 두 분이 알아서 해결하세요. 저도 중간에서 할 수 없는 일이네요. 구청에 신고를 하든 협회에 알리든 알아서 하세요. 문 닫아 버리면 그만이니까."

그러나 아직 해본 적은 없다.

그런데 시간이 흐른 뒤 생각해 보니 그것 역시 나의 경험 부족이었다. 그 의뢰인이 아무리 다른 집을 보고 계약금을 돌려받고 싶어 생트 집을 잡아도 도배를 해줘야 한다고 하면

"그러게요. 그때는 구조만 보고 이런 것은 생각하지 못했네요. 사모님께 이분들은 오래 사실 텐데 도배는 해줘야 할 것 같다고 말씀드려 볼게요."

문짝을 교체해야겠다고 하면

"그러네요, 문이 살짝 내려앉았네요. 그때는 문이 열려 있어서 이것까지 확인을 못 했는데 이것도 사모님께 말씀드려서 해달라고 해야겠어요. 사용하기 불편하면 안 되죠."

화장실 매지 교체를 요구하면 이렇게 말했을 것이다.

"알겠어요. 아무래도 위험할 것 같네요. 맨발로 다니다가 다칠 수도 있겠어요. 공사비가 얼마가 들지는 모르겠지만 말씀드려 봐야겠어요. 지난번에 여기 두 분과 저까지 셋이서 확인을 한다고 했는데도 이것까지는 확인을 못 했네요. 임대인께 말씀드려 보고 연락드리겠습니다."

그리고 임대인과 합의점을 찾았을 것이다.

아무리 다른 집이 맘에 들어 생트집을 잡아도 다 해주겠다면 어찌할 수 없었을 것이다. 본인들이 계약금을 포기하거나 계약대로 이행했을 것이란 생각이 든다.

의뢰인의 말에 귀 기울이기보다 상식선에서 내 생각을 말하고 괜한 자존심 싸움으로 몰고 가 계약을 망쳤다는 생각이 들었다.

계약서 작성할 때 상대방 말을 흘려들어 벌어진 일

주택을 매매했다. 매매 금액은 7억, 그런데 계약 당시 매도인이 "시골에 농가 주택이 하나 있는데 잔금 전에 어렵게 사는 동생에게 명의 변경해서 줄 거예요." 했다. 주변에 있던 사람들은 일제히 "와! 동생분 좋겠어요."라고 했다. 이렇게 화기애애하게 계약이 진행되었다.

그런데 그때, 매도인이 지나가는 말로 "동생에게 명의 넘겨주기 전에 잔금 하면 안 돼요! 그럼 양도세가 많이 나와요!" 하기에 그곳에 있던 모든 사람이 이구동성으로 "안 될 일이 뭐가 있어요? 법무사 불러 등기만 하면 되는데요." 하고 넘어간 것이다.

그런데 계약 후 20일쯤 됐을 때 매도인에게 전화가 왔다. 동생에게 명의 변경을 하려고 보니 건축물대장상의 내용과 등기사항 증명서의 내용과 농가 주택의 현 상태가 모두 달라서 법원에서 등기를 안 해준다는 것이다. 담당 법무사에게 문의하니 법원에서는 먼저 구청에서 건축물대장 내용을 변경해 주어야 등기를 할 수 있다고 하고, 구청에서는 법원에서 등기를 해주어야 건축물대장을 수정해 준다고 한다는 것이다. 해결책을 물으니 이런 경우 구청에 사실 확인 요청서를 접수하면 담당 직원이 현장 실사를 나가 확인하고 변경해준다고 했다. 문제는 구청 직원이 바쁘면 한 달 후에 나가기도 한다는 것이다.

　매도인은, 그때 자신이 동생 앞으로 명의를 변경해준 후에 잔금 해야 한다고 말하지 않았느냐, 왜 그때 특약 사항에 그것을 넣지 않았느냐, 지금이라도 매수인 불러서 특약에 기재하라는 것이다. 당시 그 계약은 공동 중개로 진행되어 상대 중개소 대표에게 사정 얘기를 했지만 확답을 주지 않았다.

　잔금일을 2주 남겨놓고 나는 다시 공동 중개한 대표에게 연락했다. 지금 매도인이 다 죽어가게 생겼다. 이 일은 잔금일 전에 해결될 일이니 특약 사항에 기재하고 매도인부터 살려야 하지 않겠느냐고 강력하게 말했다. 일단 특약 사항에 기재하는 것은 성공이었다. 그리고 며칠이 지나도 해결은 되지 않고 잔금일은 다가와 나도 가만히 있을 수가 없어 매도인에게 전화했다.

"사모님, 이번 주까지 해결 안 되면 다음 주 월요일에 저랑 ○○ 시청에 가요. 법원과 구청에서 책임질 일 생길까 봐 서로 떠넘기고 있는 것 같은데, 말이 되지 않아요! 그럼 평생 이 집은 매매도 못 한다는 거잖아요. 민주 국가에서 개인의 재산권 행사를 못 하게 한다는 건 있을 수 없어요. 제가 시장님 찾아가서 담판 지을 테니 같이 가요!"

뭐라도 해야 할 것 같아서 '그래 부딪쳐 보자' 하고 담대하게 나갔다. 다행히 그 주에 그 일도 해결이 되어 시청에는 가지 않았다.

　매도인은 일주일 사이에 살이 8kg이나 빠졌다고 했다. 그 내용만 특약에 기재했어도 매도인이 그렇게 힘들어하지 않았을 것이다. 좀 더 세심하게 당사자들의 말에 귀를 기울이고 협의했어야 했는데…. 그래서 계속 "특약, 특약!" 하는 것이다.

그래도 그 당시 매도인과 함께 고민하고 최선을 다해 처리하려고 노력했던 나의 모습에 믿음이 갔는지 지금은 단골이 되었다.

공동 명의의 전세 계약

아파트 물건이 접수되었다. 지금 전세 세입자가 살고 있지만 두 달 후 계약 기간이 종료되므로 매매할 수 있으면 좋겠다고 한다. 그러나 1층이기 때문에 곧바로 매매되기는 힘들겠다고 하니 그럼 전세라도 해 달라는 것이다. 며칠 후 전세 계약 하겠다는 임차인이 구해졌다. 임차인의 계약 조건이, 1층이라 자비로 방범창을 달고 베란다 밖에 CCTV를 설치하겠다는 것이다. 퇴실할 때는 두고 가는 조건으로 공사만 할 수 있게 허락받아 달라고 하였고, 문고리 하나와 거실 조명 교체를 계약 조건으로 말했다. 당시 생각에는 무리한 부탁이라 생각하지 않아 "가능하겠죠!"라고 말했다.

먼저 등기부 등본을 열람하고 소유자를 확인해 보니 부부 공동 소유였다. 임대인에게 공동 명의로 되어있어 부인께도 확인해야 하기 때문에 연락처를 부탁하니 와이프의 전화번호를 알려 주며 하는 말이, 그 사람과 통화한 내용을 본인에게 알려달라는 것이다. 뭔가 이상한 느낌이 들었다. 와이프에게 전화를 해서 전세 세입자가 구해졌다고 하니 상대방의 반응은 아주 냉담했다. "팔아야지 무슨 전세냐 그 인간이 전세 놓는다고 하더냐?" 하는 것이다. 부부는 별거 중으로 사이가 아주 안 좋았다. 그렇다고 이 계약을 포기할 수도 없어 하나하나 양쪽에 연락해서 해결해야 했다. 우여곡절 끝에 계약일을 정했다. 이날 어렵게 만난 임대인 부부가 등을 돌린 채 앉아 계약서를 쓰는 해프닝이 벌어졌다. 흔히 경험할 수 없는 별난 계약이었다. 앞으로도 이런 계약은 하고 싶지 않다. 그때 중간에서 정말 너무 많이 힘들었다. 남편한테 물어보면 그 인간은 뭐라고 하는지 말해 달라고 하고 와이프한테 물어도 역시나 마찬가지…. 에휴~ 에휴~~!

불법 건축물로 인한 중개 사고

최근 나의 지인 중의 한 분인 중개사에게 일어난 일이다.

계약금 500만 원 입금을 확인하고 계약서를 작성한 상태였다. 그 후 며칠이 지나 매수인에게 전화가 왔다. 건물 뒤편에 설치된 차광막이 불법인데 고지하지 않았다며 계약 무효를 주장했다. 이것을 이유로 계약금 500만 원 반환을 요구했다.

중개사가 현장에서 설명했고, 매수인이 이런 것도 불법이 되느냐고 질문까지 했다는 것이다. 그래서 그때 설명하지 않았느냐고 하니 매수인은 알지도 못했고 들은 적도 없다고 극구 부인하며 갈등이 시작되었다. 매수인은 그럼 왜 계약서에 기재하지 않았느냐며 계속 계약은 무효라고 주장했다. 중개사가 잘못했으니 책임지라며 계약금을 안 돌려주면 신고하겠다고 협박성 발언을 하면서 자신의 계약금 반환을 요구했다. 이 상황을 매도인에게 알리니 매도인은 현장에서 모두 확인해 놓고 인제 와서 무슨 소리냐며 나는 모르겠다로 일관했다. 결국 매도·매수인 모두 강경한 통에 중개사가 그 돈을 대신 지불하고 일을 마무리했다고 한다.

계약할 때만 해도 좋은 집, 좋은 조건으로 구해줘서 고맙다 수고했다고 칭찬을 아끼지 않았었는데 더욱 맘에 드는 매물을 만나서 그렇게 돌변한 것 같다며, 특약 사항에 기재 못한 내 잘못이지 어쩌겠느냐며 한숨을 내쉬었다.

다가구 주택 매매하고 하자(누수)로 고생한 경우

지인 개공의 경험담이다. 다가구 주택 매매 계약을 했다는 것이다. 그런데 잔금 며칠을 앞두고 매수인에게 전화가 왔는데, 잔금일 전에 공실 두 개가 나온다고 하지 않았냐며 그 방 좀 보여 달라고 하더란다. 매수인과 공실인 방을 둘러보는데 창가 옆 천장부터 벽면에 누수가 있더라는 것이다. 방바닥까지 흘러내릴 정도는 아니고 천장에서 30㎝ 정도 아랫부분까지 아주 미세하게 촉촉한 흔적이 발견되어 매도인에게 연락하여 수리를 요구했고, 그때부터 누수의 원인을 찾기 시작하는데 1년이 걸렸다는 것이다.

비가 오면 더 심하고 평소에는 있는 듯 없는 듯해서 전문가라는 사람은 다 불러 보았지만 소용이 없었다고 한다. 여기저기 수소문 끝에 이번엔 틀림없을 거라고 소개받은 이 업계 최고의 전문가들이 타 지역에서 와 아침 8시부터 찾기 시작했다. 이번에도 못 찾으면 어쩌나 노심초사하고 있는 가운데 점심때가 되고 저녁때가 되고 밤이 되어 중개사는 퇴근했단다. 밤 10시쯤 되어 원인을 찾았다는 연락이 와 달려가 보니 거실 베란다 창 쪽에 보일러 선을 깔면서 그 선을 바닥에 고정시키기 위해 철사로 묶은 것이 너무 세게 묶여서, 시간이 지나면서 그 철사가 엑셀 선을 파고 들어갔고 거기서 아주 미세하게 흘러나왔던 것이었단다. 휴, 이 글을 쓰면서도 그때 그 대표님이 겪었을 고충이 생각나 내가 숨이 다 찬다.

 "그래도 계약 해제한다고는 안 했나 보네요?"

 "왜 안 했겠어? 난리 난리 났었지. 그래도 매수인이 착했어."

"그리고 매도인도 못 해준다고 안 하고 1년에 걸쳐서라도 해줬네요. 나 몰라라 나자빠지는 분들도 있잖아요."

"그러니 다행이었지. 매도인도 착했어."

"그래서 잔금은 어떻게 했어요? 다 주지는 않았을 거니에요?"

"그럼. 그게 5억짜리였는데, 5천만 원을 안 줬어. 수리되면 준다고. 그래서 5천만 원을 1년 만에 받았잖아. 아이고! 그때 내가 1년 동안 얼마나 신경을 쓰고 스트레스를 받았는지 그때 이 머리 다 빠진 거여. 내가 그 이후로 다가구 주택 매매 진절머리나서 안 하잖어."

"정말 고생하셨겠네요."

"아이고 말도 마. 지금도 생각하고 싶지도 않어. 그러고 나서 내가 여기(아파트 단지 내로 부동산 사무실을 옮김)로 온 거잖여." ^^

아파트 분양권 전세 계약 쓰고 공급 계약서 보고 놀란 사건

하루는 친한 친구에게 전화가 왔다. 두 달 후 입주하는 곳인데 그 아파트 전세를 하나 구해 달라는 것이다. 마침 그쪽에서 중개업을 하고 있는 절친인 친구가 있어 그에게 전화를 했다. 내 친구가 그쪽에서 아파트 전세를 구해달라고 한다고 했더니 자기가 가지고 있는 물건을(정리해 둔 자료) 사진으로 찍어서 나에게 보내 주었다.

일단 친구랑 아파트 공사가 마무리되어 가고 있는 현장으로 가 방향과 위치를 본 후 동을 정하고 모델 하우스가 아직 있으므로 모델 하우스를 본 후 C 타입 20층 이상으로 정했다. 그리고 친구의 조건이 매립

형 에어컨은 있어야 하고 중문이 있으면 더 좋겠다고 했다.

모든 것이 결정된 후 친구랑 개공인 친구가 보내준 자료를 보니 다행히 친구의 조건에 맞는 아파트가 있었고, 그것을 계약하기로 하고 계약금의 일부인 300만 원을 보내주었다. 열흘 뒤 개공 친구의 사무실에서 임대인을 만나 계약서 작성까지 다 끝냈다.

그런데 임대인이 가고 나서 임차인인 친구가 개공 친구에게는 들리지 않게 내 귀에 대고 하는 말이 "문제가 생겼어." 하는 것이다. 그러면서 복사해서 받은 아파트 공급 계약서의 위를 가리키며 "여기 봐봐 E 타입이야. 나는 C 타입을 원했잖아." 하는 것이다. 순간 멍~ 했는데 바로 이어서 친구가 하는 말이 "괜찮아. 집 사는 것도 아니구 2년 살다 나올 건데 뭐" 하는 것이다. 개공 친구가 E 타입을 C 타입으로 잘못 기재해 놓은 것이었다.

아! 엄연한 중개 사고다. 만약 친구가 아니었다면…. 앞으로 일어날 일들이 스치고 지나갔다. 계약 안 한다고 하면 이제 원하는 집이 그간 다 나갔을 텐데 그 기회비용에 대해 책임지라 할 수도 있고, 임대인도 잔금일 얼마 남지 않았는데 임대가 되지 않아 잔금을 못 치르면 어떻게 할 거냐, 그동안 계약도 못 하게 집만 잡아 놓고 이게 뭐냐, 책임지라고 할 수도 있고, 300만 원 못 돌려주니 중개사가 알아서 하라고 할 수도 있다. 오만 가지 생각이 스치면서 순간 아찔했다. 아무 문제도 삼지 않고 싫은 소리 한마디 않고 얼굴 한 번 찡그림 없이 넘어가 준 친구가 너무 고마웠다.

다음날 개공인 친구에게 전화가 왔다. 친구에게 너무 미안하다고 간밤에 생각해도 그 의뢰인이 만약 너의 친구가 아니었으면 어쩔 뻔했냐고 생각만 해도 숨이 멎을 것 같더라는 것이다. 그러면서 내 친구에게

밥 한번 살 기회를 달라며 참치 잘하는 곳이 있는데 그 친구 참치 좋아하느냐고 묻기에 무지 좋아한다고 했다.

나의 친구에게 개공 친구의 의사를 전하니 괜찮다고 했지만, "네 덕분에 나도 비싸고 좋은 참치 좀 먹어보자"며 친구를 설득해 우리는 맛있는 참지를 냠냠, 쌉쌉 즐겁게 먹었다.

우리 일은 하나하나 신중하지 않으면 안 된다는 것. 다시 한 번 강조한다. "명심하자! 명심하자!" 구호를 외쳐야 한다. ^^

장판 시공을 한다고 걷어 올리더니 수리비를 청구하는 분

20년 넘은 작은 연립을 매매했다. 매입하신 분이 70대 노부부였다. 잔금도 다 끝났는데 어느 날 연락이 왔다. 큰일이 났다며 빨리 그 매입한 집으로 오라는 것이다. 순간 무슨 일일까 생각하며 가슴이 철렁 내려앉았다.

현장에 도착하니 노부부와 두 명의 인테리어 시공업자가 나를 기다리고 있었다. 내가 들어가자마자 보라는 듯이 거실 장판을 걷어냈고, 부서진 시멘트 바닥 사이로 보일러관(엑셀)이 보였다. 일순간 네 사람이 나에게 한마디씩 퍼붓기 시작했다. 결국 돈이라는 것을 안다. 다 들어주고 난 후 한마디 했다.

"그래서 원하시는 것이 무엇인데요? 어떻게 해드리면 되겠는지요?" 했더니 한 사람이 "300만 원은 줘야죠."하니 옆에 있던 사람이 본인이 생각해도 너무 과했다 싶었는지 "200만 원은 받아야지." 한다.

우선 당사자들의 이야기를 듣고 휴대전화로 사진을 찍고 나서 내가 말했다.

"어르신 이 빌라가 20년도 넘은 건데 이 정도는 생각하셨어야죠. 그래서 수리비로 1,000만 원도 디운시킨 기고요. 지금까지 잔금 넘어가고 나서 돈 돌려주는 사람 한 명도 본 적이 없어요. 그래도 한번 말해 볼게요. 200만 원은 너무 과하고요. 100만 원이라도 돌려달라고 사정해볼게요."

현장에서 나와 매도인에게 사진을 먼저 보내준 후 전화를 했다.

어르신들이 이제 집 하나 장만하고 엄청 좋아하셨는데 장판 시공한다고 걷어 올렸다가 보내준 사진처럼 된 것을 보시고 얼마나 낙담을 하시는지 수리비가 너무 많이 든다고 200만 원을 돌려 달라고 사정을 한다. 그런데 내가 생각해도 그건 너무 과한 것 같으니 부모님 생각해서 100만 원이라도 돌려드리면 위로가 되지 않겠나 하는 생각에 전화해 봤다. 조금이라도 돌려줄 마음이 있으면 연락 달라고 했더니 남편과 상의해 보겠다고 하고 50만 원의 성의 표시를 해왔다. 이런 경우는 흔치 않은 일인데 마음써준 매도인에게 감사했다.

리모델링 후 누수가 생긴 경우

30년 넘은 주택을 매매했다. 잔금도 다 끝나 매수인은 멋지게 인테리어를 했다. 사무실 멀지 않은 곳이라 오가며 수리되는 과정을 보았다. 얼마 후 장마가 시작되었는데 어느 날 함께 집을 보러 왔던 매수인의 여동생에게 연락이 왔다. 이번에 비가 왔는데 거실, 안방, 작은방에서 물이 줄줄 샌다는 것이다. 순간 당황해서 아무 말도 못 하고 있는데 그 동생이라는 분이 말을 이어 나갔다.

"아마도 리모델링하면서 균열이 간 것 같아요. 오래된 집을 그렇게 쿵쾅거리면서 두들기고 뜯어내고… 아니 그 큰 창도 뜯어냈잖아요."

"저도 지나가다가 보니 공사를 크게 하더라고요."

"그런데 언니가 이거 집에 문제 있는 걸 산 거 아니냐고 하면서 부동산에 전화해 보라고 난리예요."

나는 순간 불똥이 또 이리로 튀는구나 싶었는데 그분이 말을 계속 이어 나갔다.

"그래서 제가 그랬어요. 이건 부동산과는 아무런 문제가 없는 것이다. 그때 나도 집을 같이 봤지만 물 흐른 자국이 하나도 없었는데 왜 부동산에 전화를 하나! 30년도 넘은 집을 언니가 너무 과하게 손을 대서 공사 중에 생긴 균열 때문인데, 이렇게 말했어요. 사실 그렇잖아요?"

사실 처음엔 함께 온 여동생이 어찌나 아는 척을 하며 참견을 하던지 그때는 짜증도 났는데 그 여동생은 정말 똑똑했다.

그렇게 이 일은 더 이상 문제되지 않고 일단락되었다. 이 일을 교훈 삼아 나는 특약 사항을 하나 추가했다.

<u>리모델링으로 인한 하자는 매도인이 책임지지 않는다.</u>

리모델링 된 상태를 확인 못 시킨 경우

다가구 주택 매수 의뢰인이 사무실을 방문했다. 마침 의뢰인이 찾는 물건이 있어 안내하였고, 매수 의뢰인은 주인 세대를 보고 마음에 들어 했다. 원룸을 보고 싶다 하여 그중 방 하나를 보여 주었는데 그 방도 깔끔했다.

　매수 의뢰인은 흡족해했고 매매 계약은 순조롭게 진행되었다. 잔금도 끝났고 매수인도 주인 세대로 입주한 상태로 몇 달이 지났는데 어느날 매수인에게 연락이 왔다. 급히 와 보라는 것이다.

"대표님 이 방 좀 보세요."

　아~ 이거였구나. 전날 임차인이 퇴실한 방이었고 샘플로 본 방과는달랐다.

"그때 본 방은 깔끔했잖아요? 그 방과 다르잖아요? 싱크대도 다르고 화장실도 많이 다른데요?"

　나는 정신을 바짝 차리고 이렇게 말했다.

"그때 말씀드렸잖아요? 15년이 넘은 집들은 리모델링된 상태가 조금씩 다를 수 있다고요. 입주자가 있는 상태에서 전실을 수리할 수 없기 때문에 입주자 나가면 하나씩 수리를 하고 입주시키기 때문이라고 그때 말씀드렸는데요."

(갸우뚱 거리며) "그랬어요?"

　위기를 잘 넘기기는 했지만 이것 역시 미숙함에서 생긴 일이다. 노후된 다가구 주택을 매매할 때 방마다 리모델링 된 상태가 동일하지 않다는 것을 인지하지 못했던 것이다.

이사 가며 두고 간 쓰레기 때문에

잔금 지급일에 미리 이사 간 집에 들렀다가 창고에 쓰레기가 그대로 있는 것을 확인했다. 그래서 매수인에게 "잔금에서 100만 원은 쓰레기 처리 후 입금해 주세요."라고 했다. 매도인은 바로 처리하겠다며 당장 입금하라는 것이다. 사람을 믿지 않는다고 언성을 높이며 화를 내었다. 그래도 원칙대로 해야 했다.

"사장님을 못 믿어서가 아니고요. 일의 처리 과정일 뿐입니다. 그러니 왜 그걸 안 치우셔서 이렇게 얼굴을 붉히게 만드세요. 치우셨으면 이런 일 없었잖아요. 집 잘 팔아 드리고 이게 뭐예요? 돈을 안 주겠다는 것이 아니고 서로 분명하게 하자는 거잖아요. 치우고 연락주세요."

매도인은 불쾌해 하며 출입문을 박차고 나갔다. 하지만 어쩔 수 없다. 이사 가면서도 안 치운 분이 차일피일 미루고 치워주지 않으면 도리어 사정해야 하고 결국 중개사가 치워야 하는 일이 생긴다. 결국 다음날 바로 치웠고 매수인에게 입금하라고 했다.

흔한 일들

임차인이 있는 상태에서 집을 보고 계약한 경우인데, 이사 가고 나서 보니 농 뒤나 살림살이들로 가려졌던 부분에 곰팡이로 도배가 되어 있는 것이다. 그런데 그다음 날 신임차인에게 전화가 왔다.

"안녕하세요, 대표님! 저 119번지 들어갈 사람인데요, 거기 어제 이사 갔죠? 그때 14일에 이사 간다고 했잖아요?"

"네, 어제 이사 갔어요. 그런데 왜요?"

 "아, 지금 시간이 있어서 한 번 가보려구요. 방 사이즈도 좀 재보고 하려구요."

순간 깜짝 놀랐다. 그걸 보면 계약 해제하겠다고 할 텐데… 으아…으아…으아…!

 "네, 알겠어요. 그런데 제가 비밀번호를 몰라서요. 지금 바로 사모님께 전화해서 비밀번호 물어보고 연락할게요."

5분 후에 전화해서

 "어구! 사모님, 어쩌죠? 지금 사모님이 전화를 안 받네요. 부재 중의 제 전화번호가 찍혔으니까 바로 연락이 올 거예요. 연락 오는 대로 전화 드릴게요."

그리고 그날 나는 신임차인에게는 전화를 하지 않았다. 그러나 임대인에게는 상황 설명을 하고 바로 공사 시작하라고 했다. 다음날 공사는 시작되었고, 다음날 나는 신임차인에게 전화를 해서 한 번 더 거짓말을 할 수밖에 없었다.

 "사모님, 사모님이 비밀번호를 적어 놓았는데 어딨는지 찾을 수가 없다네요. 그래서 전 임차인에게 전화를 하니 받지를 않는다고 해요. 그분이 교대 근무하는 분이라 예전에도 통화하기가 힘들었다는데, 사모님이 문자 남겨 놨다고 연락 오는 대로 연락 준다고 하네요. 이사 날짜 많이 남았으니 천천히 가보세요."ㅠ.ㅠ

일주일 정도 지나 신임차인에게 전화가 왔다.

"안녕하세요, 대표님! 저 119번지 들어갈 사람인데요."

 "네, 알고 있어요."

 "비밀번호 알았대요?"

 "아! 그럼요. 아이구~ 제가 그다음 날 바로 받았는데, 바빠서 깜박하고 있었네요. 잠깐만요, 1234네요."

서너 시간 후에 또 전화가 왔다.

 "대표님, 여기 도배랑 다 해 놨네요."

 "아, 그래요? 그 사모님 성격 급하시네요. 잘됐네요."

휴~~~, 이때 첩보 작전을 하듯 민첩하게 움직였다.

1년이 지났는데도 아무 말이 없는 걸 보니 잘 쓰고 있나 보다.

어린 아기가 있는 집에서 가습기 틀어 놓고, 빨래해서 널어 놓고, 원·투베이 등 작은 공간에서 음식 해먹고 환기를 안 시키면 곰팡이는 금방 올라온다. 대부분 곰팡이는 구조적인 것보다는 관리에 문제가 더 크다.

사용하지 않는 방이라도 장마철이나 겨울에는 보일러도 한 번씩 틀어 주고 음식을 해 먹었다면 창문도 한번 확 열어놓고, 퇴근하면 창문도 한 번 확 열어 환기시키며 관리를 해야 한다. 같은 방인데도 사용하는 사람에 따라 곰팡이가 올라오고 안 올라오고 하는 것을 보면 알 수 있다.

실거래 신고 잘못한 경우

매매 계약 후 실거래 신고를 하였고 등기소에 넘겨져 등기까지 되어 등기권리증까지 나왔다. 공동 중개인 경우 물건지 대표가 실거래 신고를 하고 공동 중개한 대표에게 "대표님, 실거래 신고했으니 확인하고 사인 부탁해요." 하면 공동 중개한 상대 대표가 실거래 신고 사이트에 접속해 거래 신고 내용을 확인하고 사인을 해야 하는데, 신고 내용은 확인하지 않고 사인만 하는 경우가 많다. 나 역시 그랬다.

어느 날 담당 공무원에게 전화가 왔다. 2016년에 계약한 것을 이제 신고했으니 과태료 500만 원이란다. 그런데 두 번까지는 허용되니 앞으로 조심하라고 하며, 해결 방법은 2018년에 매수한 증거 자료를 제출하고 그렇게 된 사유서를 제출하란다. 통화가 끝나자마자 공동 중개한 대표에게 전화가 왔다.

 "대표님 구청에서 온 전화 받았어요? 미안해서 어떡해요? 내가 글자가 잘 안 보여서 2018을 2016으로 했네. 매수인에게 증빙서류 받아 제출하라고 하는데 매수인에게 창피해서 뭐라고 말을 해요?"

 "사실대로 말해야죠. 그리고 제대로 확인 안 하고 사인만 한 제 잘못도 크죠."

결국 그 대표와 매수인을 찾아가 상황 설명을 하고 매수인의 협조를 구했다. 통장에서 계약일과 잔금일에 이체한 것 복사하여 사유서와 함께 구청에 제출했다. 하지만 매수인에게 전문가답지 못한 모습을 보여

부끄러웠다. 그 대표는 내게 미안하다고 했지만 확인하지 않은 나의 잘못이다. 그 이후로는 실거래 신고도 더욱 꼼꼼하게 하고, 공동 중개한 것은 사인만 하지 않고 상대방 대표가 제대로 신고했는지 계약서와 서류를 보면서 확인한 후 사인한다. 나란 사람은 어찌 그리 하나하나 경험을 한 후에야 깨닫고 알아 가는지….

중개 대상물에 속단은 금물

투룸 월세였다. 공동 중개였고 물건지가 나였다.

며칠 후 임대인에게 연락이 왔다. 빨리 와 보라고 한다. 아! 또 무슨 일이 생겼구나 하는 불길한 촉! 현장에 가보니 장롱이 들어가지 않아 임대인과 임차인이 승강이를 벌이고 있었다. 공동 중개한 중개사에게 전화가 왔는데 지금 본인은 멀리 있어 못 오니 미안하지만 나에게 마무리를 해달라고 하는 것이다.

계약한 임차인은 중개사의 말만 믿고 계약을 했는데 장롱을 넣을 수 없어 입주할 수 없으니 보증금을 돌려 달라고 하고, 임대인은 계약기간 만료 전인 임차인이 있었는데 계약이 되어 전임차인에게 보증금을 돌려준 상태라 새로운 임차인이 올 때까지 보증금은 못 주며, 임대료도 지불하라는 것이다. 그리고 본인들 장롱이 있다고 해서 기존에 있던 장롱도 버렸다며 그것도 책임져야 한다는 것이다. 와~~!

그 당시 함께 방을 살펴보던 임차 의뢰인이 이렇게 말했다.

 "여기 장롱이 들어오겠어요? 제 장롱은 예전에 장인께서 손수 만든 거라 좀 큰데요."

그 방에는 당시에도 장롱이 있었다. 그 말을 들은 상대편 중개사가

 "아유, 장롱 못 들어가는 집이 어딨어요? 여기도 장롱이 있잖아 요."

임차인은 그 중개사는 왜 안 오느냐 가만두지 않겠다, 고소를 하겠다, 협회에 알리겠다 등 흥분해 있었다. 에그 에그, 아무튼 누군가 흥분해 있으면 다 퍼부을 때까지 듣고 가만히 있는 게 상책이다. 기운 다 빠질 때까지 퍼붓고 지치면 그때 내가 말해야 한다.

보증금 반환해 달라고 임대인을 설득했다.

 "사장님 여기는 위치가 좋아서 방 금방 나가잖아요. 그리고 제가 중개 보수 안 받고 놔 드릴게요."

중간에서 양 당사자들을 달래어 결론은 보증금 돌려받고 여기저기 수소문한 끝에 공실이었던 투룸을 찾아 그쪽으로 입주시킨 일도 있다. 휴~~! 또 한 번 말하지만 이 사건 역시 몇 줄로 끝냈으나 당시에는 몇 시간을 실랑이하여 마무리한 것이다. 실랑이가 시작된 것은 오후였고 다른 물건을 찾아 입주할 때는 깜깜한 밤이었다.

어르신과의 계약

원룸 전세를 구하는 임차 의뢰인이 왔다. 현재 할머니가 거주하고 있는 집을 2주 후에 입주하기로 하고 계약하였다. 물건 접수받을 때 퇴실은 언제 가능하냐고 여쭤 보니 딸 집으로 갈 거라 언제든지 퇴실할 수 있다고 하셨다. 임차 의뢰인이 떠난 후 할머니에게 전화를 드려 지금 집 보고 온 아가씨가 2주 후에 입주할 거라고 말씀드리니, 갑자기 나가

라고 하면 어떡하느냐며 화를 내는 것이다. 헐~! (이런저런 말이 오갔고) 마지막으로 하는 말씀이 나는 모르니 딸이랑 말해 보라며 딸 전화를 주는 것이다. 딸에게 전화하니 딸의 말은 판단력도 없는 엄마 말만 듣고 한 것은 무효라며 자신과 말을 했어야 했다는 등 화를 내며 2주 안으로 퇴실할 수 없다는 것이다.

임대인에게 연락하여 그간의 일을 말하고 "사모님이 정리하셔야겠네요." 했다. 며칠 후 임대인에게 연락이 왔는데 며칠 후 퇴실하는 원룸이 있어 일단 그곳으로 짐을 옮겨 놓으라고 했다는 것이다. 어르신들과의 계약은 더욱 신경을 쓰고 한두 번 더 확인해 봐야 한다.

천사의 얼굴 뒤에 악마의 모습이

어느 날 천사의 미소를 하고 사무실을 방문한 매수 의뢰인(이하 '갑')이 있었다.

"안녕하세요? 오늘 제 집이 매매가 되어 집을 사려고 하는데 관리가 안 되어 수리할 곳이 많은 집을 저렴하게 살 수 있으면 좋겠어요. 수리는 우리가 할 수 있거든요."

"계약서 작성은 하신 건가요?"

"아니요. 오늘 계약금의 일부로 2천만 원을 받았고 계약은 일주일 후에 하기로 했습니다."

매매 금액은 8억이고 계약금의 일부로 2천만 원을 받았다고 하니 진행해도 무방하다 생각했다. 갑의 요구대로 수리할 곳이 많은 매물을 소개했다. 시세로 7억 정도 되는 매물이 소유자(이하 '을')의 관리 부실로 6억 5천에 접수된 물건이었고 수리비조로 가격 조절이 조금 더 가능한 집이었다.

내가 접수받을 당시 자료에는 공실이 없는 상태였다. 갑이 매물을 본후 매우 마음에 든다며 원룸 등 세 놓는 방을 보고 싶다고 했다. 을은 103호, 201호, 204호, 302호가 공실이라고 했다. 공실을 모두 본 갑은 방들이 너무 좋다며 찬사를 보내고 이렇게 좋은 방을 왜 세를 놓지 않느냐고 물었다. 을이 중개소에 내놓지도 않고 세 놓는 것에도 관심이 없다고 했다. 갑은 공실인 방에 옵션도 없고, 수리할 부분과 청소할 곳도 많다며 3천만 원을 다운시켜주면 계약하겠다고 했다.

을에게 연락하여 매수인이 있다는 말을 하니 을은 일주일 전에 주인세대 전세 계약을 계약금 천만 원을 받고 계약했다는 것이다. 그러나 집을 파는 게 우선이니 위약금을 주고라도 매매 계약을 하겠다는 것이다. 수리비와 청소비 명목으로 3천만 원 다운된 금액에 계약하기로 하고 갑에게 계약금의 일부로 1,000만 원을 입금하라고 했더니 800만 원만 입금하겠다고 했다. 그래서 을이 전세 계약금 1,000만 원을 배액 상환하는 상황이니 위약금만큼은 입금시켜야 한다고 했다. 갑은 그럴 일 없다며 혹시라도 그런 일이 생기면 본인이 그 금액만큼은 책임질 거라고, 걱정하지 말라고 했다.

다음날 갑은 중개사에게는 말도 없이 그곳을 방문하여 모든 호실을 열어보고 303호가 비어 있다는 것을 알았다. 그리고 그곳이 너무 지저분하고 수리해야 할 부분도 많다며, 천만 원의 감액을 더 요구했다(을에게 물어보니 얼마 전에 세입자가 쓰레기 방으로 해놓고 도망을 갔다는 것이다. 그래서 그 방은 말을 못했다고 했다.) 을은 1,000만 원을 더 감액해 주었다.

그리고 갑은 그 집이 마치 본인 집이라도 된 듯 다른 중개소에 내가 산 집이라며 공실을 알리고 세입자를 넣어줄 것을 부탁하고, 201호는 계약까지 하게 했다. 갑은 너무나 만족해하며 이런 집 있으면 하나 더 소개해 달라고 부탁도 했다. 딸 앞으로 하나 더 살 거라고. 그런데 일주일 후에 하겠다던 갑의 계약이 무산되었고 연쇄적으로 을과의 계약도 무산되었다. 이 일로 을은 입주하기로 한 전세 계약자에게는 위약금을 주었고, 퇴실하는 전세 임차인에게는 대출을 받아 전세 보증금을 반환해 주었다.

을은 내게 책임을 지라고 했고 중간에서 힘든 상황인데, 며칠 후 중개소 감독 기관인 구청에서 전화가 왔다. 갑이 나를 중개 대상물에 대한 설명을 제대로 하지 않아 손해를 봤다며 민원을 넣기 위해 방문했다는 것이다. 나의 말도 들어봐야 할 것 같아 전화했단다. 아! 정말 어이가 없었다. 머리가 있는 사람이라면 미안해해야 하는 것 아닌가 말이다.

그리고 그다음 날 나는 갑이 보낸 내용증명을 받았다. 나에게 800만 원을 변상하라는 것이다. 변상하지 않을 경우 소송을 하겠다는 내용이었다.(갑은 을에게 손해를 입히고 1,200만 원의 이익을 봤음에도) 나 또한 내용증명을 보내며 끝나긴 했지만 마무리되기까지 아무런 보수도 없이 정신적 노동에 시달리며 다른 일도 하지 못했다. 결국 또 계약 욕심이 앞서 계약서 작성을 하지 않고 진행한 나의 잘못이지 누구를 탓하랴 하고 마음 정리를 했다.

어느 날 중개업을 20년 넘게 한 선배 개공 두 분과 식사를 하며 이런 일이 있었다는 말을 하니 한 선배 개공이 섬뜩한 말을 한다.

 "신 대표 천사의 얼굴을 하고 나타나는 고객들은 본인들에게 조금의 불이익만 생기면 누구의 잘잘못을 따질 필요도 없이 무조건 중개사만 걸고넘어지는 거여~ 그리고 우리의 등에 칼을 꽂으려고 한다는 생각을 잊지 말어."

옆에 있던 또 다른 선배 개공이 덧붙이는 말이

 "이 바닥에는 상식, 양심 이런 것 없다고 생각하고 소송으로 갔을 때 피해 보지 않게 항상 문서로 남기고…. 백 마디 말은 다 필요 없는 거여."

이 일을 하며 상식과는 무관하게 억지를 부리는 고객들이 의외로 많다는 것을 알았다. 처음엔 막무가내인 고객들을 마주하게 되면 어떻게 해야 할지 몰라 안절부절못하고 가만히 안 두겠다, 신고하겠다, 법으로 하겠다는 등의 협박성 발언을 하면 큰일이라도 난 듯 하늘이 노랗고 요즘 젊은 친구들의 표현처럼 맨붕이 되어 버렸다. 그런데 어느 날 어떤 일로 태산 같은 걱정을 하고 있는 내게 어느 선배님의 말이 많은 위로가 되었다.

 "신 대표 거 걱정할 일도 아니구먼. 이런 일로 그렇게 스트레스 받으면 이 일 못 해~ 그 인간한테 법대로 하라고 하고 신 대표 잘못이 있어서 과태료 내라고 하면 과태료 내고, 업무 정지 받으면 좀 쉬면서 여행도 좀 다니고 해~ 거~ 자격증 날아갈 일만 하지 말고 일하면 되는 거여~~."

에필로그

이 글 내용의 대부분은 초보 개공인 내가 2년 넘게 중개 현장에서 부딪치고, 깨지고, 깨닫고, 넘어지고, 좌절하고, 힘을 내기도 하며 좌충우돌한 내용들로 내가 알고 있는 것들의 90% 이상 쏟아낸 것 같다. 내가 초보 개공 때 난감해했던 부분부터 나처럼 모든 것이 생소한 후배 개공들을 위한 것으로 아주 기초적인 것부터 하나하나 설명했고, 또 나 같은 실수는 하지 않기를 바라는 마음에 경험담도 담아 보았는데, 선배 개공들의 이야기를 들으면 그동안 내가 경험한 일들은 빙산의 일각이다.

문득 드는 생각이 너무 겁을 준 건 아닌가 싶어 살짝 미안하기도 하다. 하지만 용기와 희망을 주기 위해 해줄 수 있는 말이 있다. 시작은 두렵고 힘들지만 이 일도 다른 모든 일들처럼 매일 반복되는 일의 연속이기에 경험하며 내공을 쌓으면 언젠가 여유롭게 일할 날이 반드시 올 것이다.

마무리하다 보니 멋지게 중개를 완성한 일들에 대한 내용이 없다는 게 좀 아쉽다. 다음에 기회가 된다면 멋지게 중개 완성한 이야기를 써봐야겠다.

오픈했을 때 어느 선배 개공이 "중개업을 5년은 해야 중개가 뭔지 감이 올 것이다."라고 했었는데, 나도 이제 반 정도 왔으니 앞으로 여러분과 함께 파이팅하며 나가야 한다.

그리고 이 글 중 법적인 부분에 대해서는 글의 내용을 확신하지 말고 참고만 하기 바란다. 앞에서도 언급했듯이 우리나라 법이 너무 자주 바뀌기도 하고 아직 미숙한 내가 잘못 알고 있는 것이 있지 않을까 하는 걱정도 되기 때문이다. 또한 내가 일하고 있는 청주 지역의 상황들이니 지역마다 다를 수 있다는 것도 인지하기 바란다.

이 글이 앞으로 크게 성장해 나갈 후배 개공들에게 작은 도움이라도 되기 바라는 마음을 전하며 마무리한다. 앞으로 어디선가 만난다면 서로 좋은 정보 나누며 함께 성장해 가기를 기대한다.

마무리하는 이 순간에 왜 돌아가신 어머님 생각이 나는지, 뜬금없는 이야기이긴 하지만 내가 언제 또 책을 쓰겠나 싶은 생각에 어머니 이야기를 하고 싶다.

나는 결혼 전에 친정엄마가 돌아가셨다. 4남 1녀 중 막내인 남편과 30년 전에 결혼했다. 철없는 나를 늘 사랑으로 감싸 주셨던 시어머니…. 어머님 생각을 하니 눈물부터 쏟아진다.

결혼해서 남편의 월급이 적지 않음에도 나는 내가 갖고 싶은 것, 하고 싶은 것이 많아 내 것은 내가 벌어 써야겠다는 생각으로 이런저런 일들을 했다. 그러다 보니 어머님이 자주 오셨고 아이들 방학 때면 함께 생활하기도 했다.

한 푼이라도 벌어 보겠다고 돌아다니는 막내며느리를 늘 안쓰러워하셨다. 아이가 셋인데, 내가 방에서 잠을 자고 있고 아이들이 거실에서 떠들고 요란을 떨면 어머님께서 아이들에게 속삭이듯이 "얘들아 엄마

자잖아. 좀 조용히 해!" 하는 소리가 잠들지 않은 내 귀에 들린다.

우리 집에 오시면 잠시도 가만히 계시지를 않으시고 안팎으로 다니시면서 청소하시고 정리하시고 아이들을 돌봐주셨다. 마늘을 가져오시면 며느리 바쁘다고 다 깐 후 찧어서 비닐봉지에 넣어 쟁반에 올려 납작하게 편 다음 한쪽씩 잘라 먹기 좋게 칼끝으로 바둑판 모양을 만들어 냉동실에 넣어 놓는 분이셨다.

내가 운전면허증을 취득하고 얼마 후 어머님을 태워 드렸는데 차에서 내리셔서 농담처럼 하시는 말씀이 "애, 나 이제 니 차 안 탈란다. 긴장돼서 혼났다." 이러시는 것이다. 그런데 내가 내뱉은 말이 "아니 어머님은 살 만큼 사셨는데 뭐가 걱정이래요? 걱정이 돼도 젊은 제가 걱정이죠." 한 것이다. 순간 어머님의 얼굴이 살짝 굳어지며 당황하신 걸 볼 수 있었다. '어이쿠, 내가 지금 무슨 말을 한 거지?' 하며 나 또한 당황했다. 뭐라고 한마디 하실 만도 한데 아무 말씀이 없으셨다. 내가 그렇게 철이 없었다.

이런 어머님께 딱 한 번 혼이 난 적이 있다. 아이들이 어렸을 때인데 아이가 말을 듣지 않아(내 생각에) 아이를 혼내고 야단을 치니 큰애가 울기 시작했다. 어머님이 그때 내게 화를 내시며 하시는 말씀이 "아니 너는 그 코딱지만 한 애를 니 마음대로 건사를 못해 그 어린것이랑 싸우면서 애를 울리냐?" 하시는 것이다.

순간 기분이 나빴지만 시간이 지나 어머님 말씀을 생각해 보니 어머님 말씀이 맞았다. '아이는 이제 다섯 살이고 나는 서른 살인데 내가 저 다섯 살 먹은 아이의 마음을 헤아리지도 못하고 설득도, 이해도 시키지 못했구나. 부족한 내가 아이가 어리다는 이유만으로 윽박지르며 화를 냈던 것이구나.' 하는 생각이 들었다.

그 이후로는 아이랑 싸우는 것은 결국 부족한 나의 문제라는 것을 깨닫게 되었다. 그러면서 아이들과 소통하려고 나름 많이 노력했다. 이제 아이들은 모두 성인이 되었지만 그 후로도 아이들과 트러블이 있으면 순간 열이 올랐다가도 어머님 말씀을 생각하며 마음을 다스린다. '그래, 딸은 스무 살이고 나는 마흔다섯인데….' ㅎㅎ

내가 마흔이 되던 해였다. 어머님이랑 앉아서 이런저런 얘기를 하다 "어머니 제가 벌써 마흔이 됐어요. 해놓은 것도 없이 나이만 먹었어요." 하니 "아니 왜 해놓은 게 없다고 그러니? 애를 셋이나 낳아서 이렇게나 키워 놨는데…." 하셨다.

어머님은 늘 이렇게 나를 위로해 주셨고 나의 존재감을 키워주시는 나의 든든한 후원자셨다. 연로하셔서 내가 밥을 차려 드리면 항상 이렇게 말씀하신다.

"얘, 너무 맛있다. 잘 먹었다. 고생했다." 하시고, 옷이라도 사드리면 "얘, 너무 곱다. 내가 늙어서 갈 데도 없는데 무슨 옷이 필요하다고 이런 데 돈을 쓰고 그러니? 애들이 많아 돈 들어갈 데가 얼마나 많은데…. 고맙다… 고맙다…." 하셨다. 용돈을 드려도 그러시고….

나는 내가 먼저 어머님께 전화를 드린 적이 거의 없다. 아이는 셋이고 항상 일을 하다 보니 바쁘기도 하고, 가까운 데 사셔서 자주 보기도 하니 그렇다고 핑계를 댄다. 그래서 거의 어머님이 내게 전화를 하셨다.

"밥은 먹었냐? 애들은 학교 잘 다니고? 아범도 직장 잘 다니냐?" 하시면서 마지막에 하시는 말씀은 나에 대한 당부의 말씀을 하셨다.

"애미야! 항상 운전 조심하고 다녀라. 밥 꼭 챙겨 먹고… 애미가 건강해야 집안을 다 챙길 수 있는 거여. 조심해서 다녀라." 하시며 전화를 끊으시던 분이셨다.

우리 아이들도 사랑이 부족한 나를 대신해 많이 사랑해 주셨다. 큰애가 고3 때 수능시험을 보고 와서 하는 첫마디가 할머니가 너무 보고 싶다고 해서 어머니께로 갔었다. 더 잘해 드리지 못한 후회만 있다. 좋은 곳에서 지금도 나를 보고 계시겠지? 어머님 감사했습니다.

나도 내 며느리에게 이런 시어머니가 되겠다고 다짐도 해 본다. 난 참 복이 많은 사람이다. 항상 감사하다. 지금은 하나님의 사랑을 넘치도록 받고 있다.

좌충우돌 부동산 중개업 입문서

초판 1쇄 발행	2020년 06월 10일
초판 3쇄 발행	2022년 09월 26일
지은이	신영옥
펴낸이	김양수
디자인·편집	이정은
교정교열	박순옥
펴낸곳	휴앤스토리
	출판등록 제2016-000014
	주소 경기도 고양시 일산서구 중앙로 1456(주엽동) 서현프라자 604호
	전화 031) 906-5006
	팩스 031) 906-5079
	홈페이지 www.booksam.kr
	블로그 http://blog.naver.com/okbook1234
	포스트 http://naver.me/GOjsbqes
	인스타 @okbook_
	이메일 okbook1234@naver.com
ISBN	979-11-89254-34-6 (03320)